Técnicas e ideas de Scrapbooking, Art journaling, Mini álbumes y Mixed media

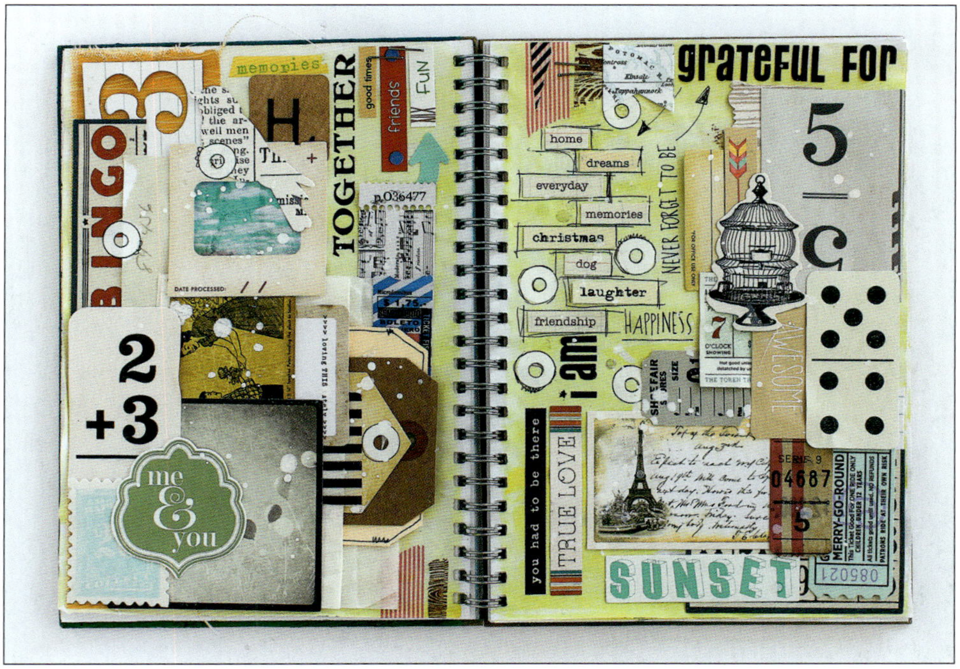

Janna Werner

DRAC

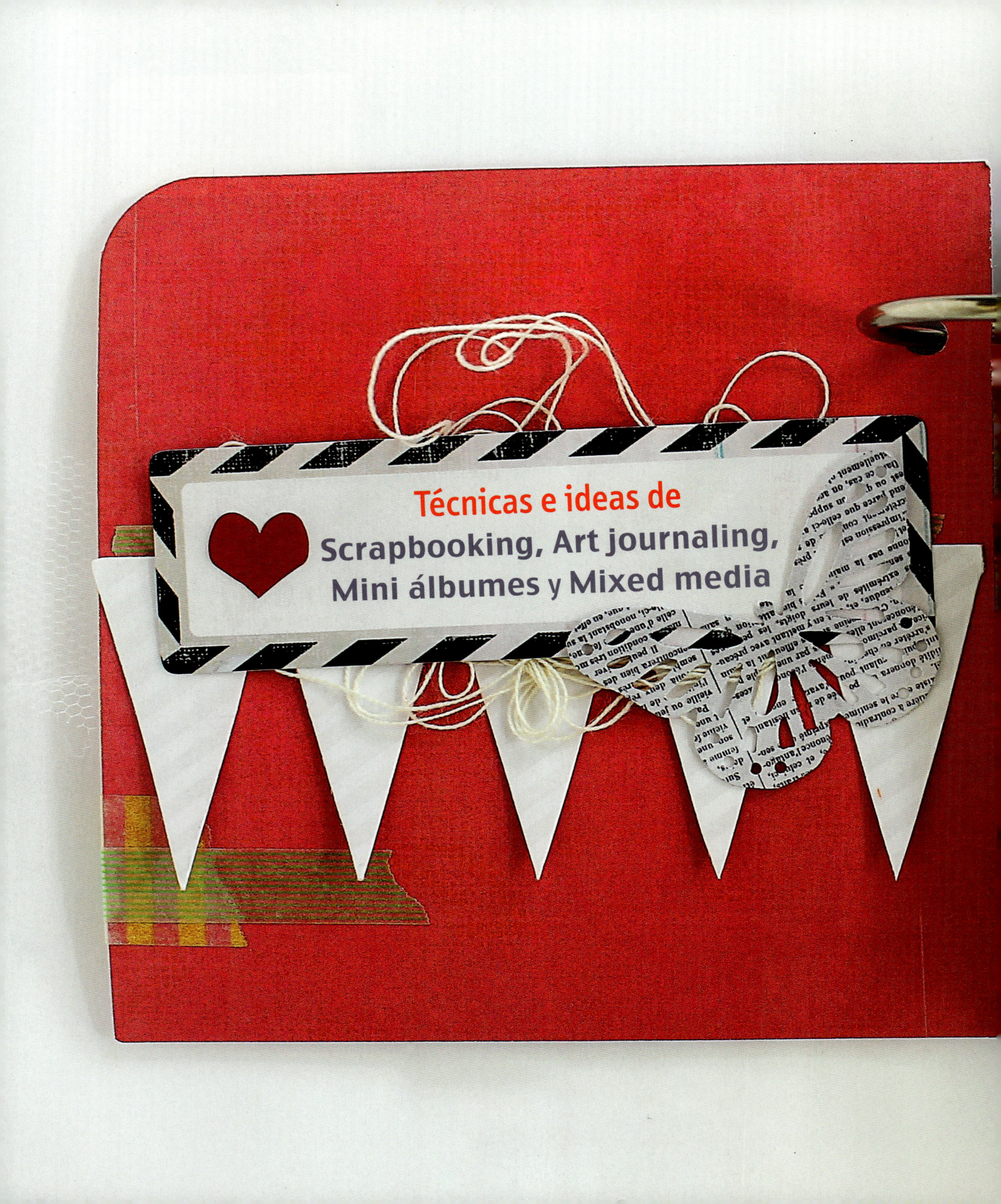
Técnicas e ideas de
Scrapbooking, Art journaling,
Mini álbumes y Mixed media

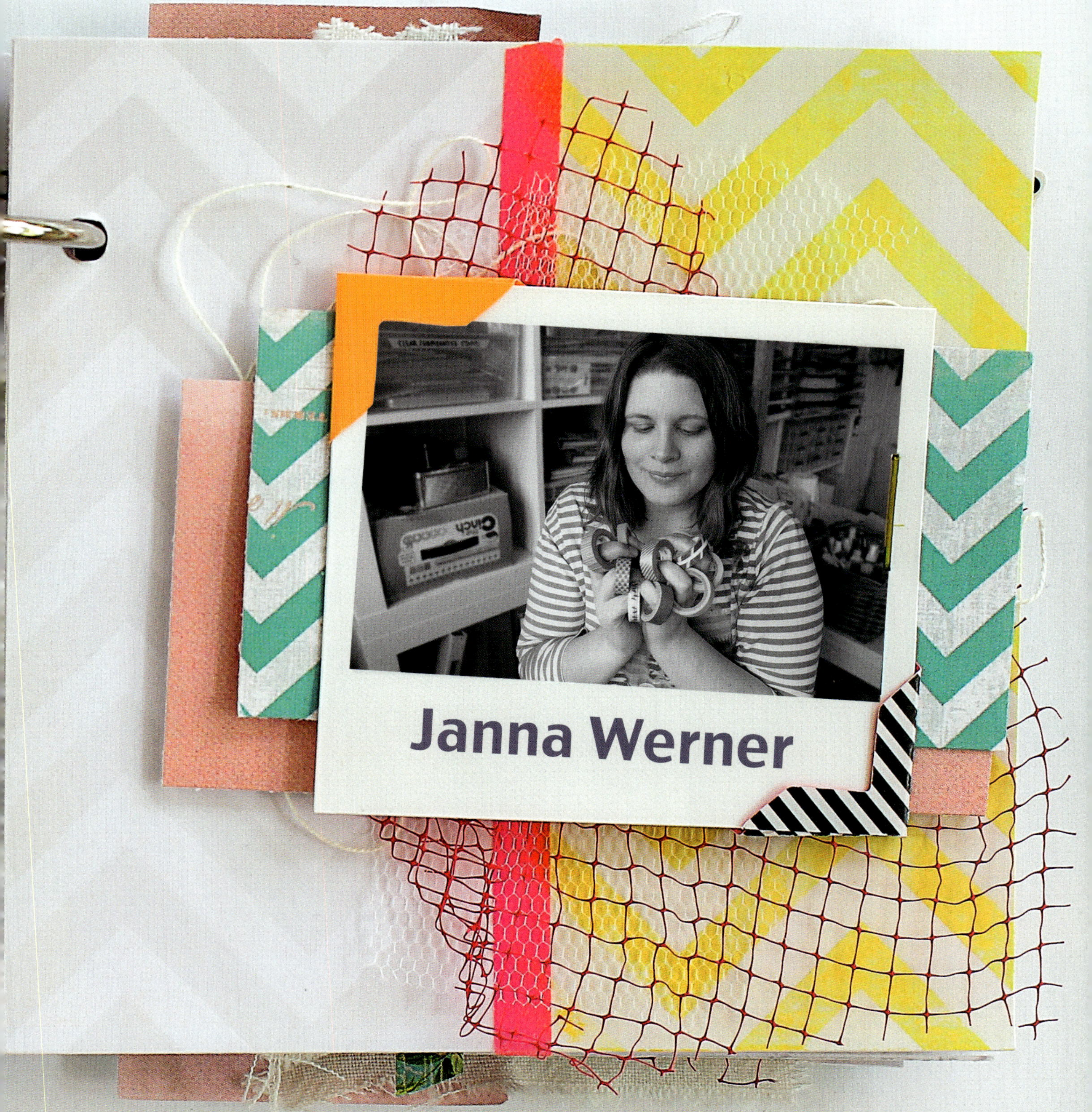
Janna Werner

Índice

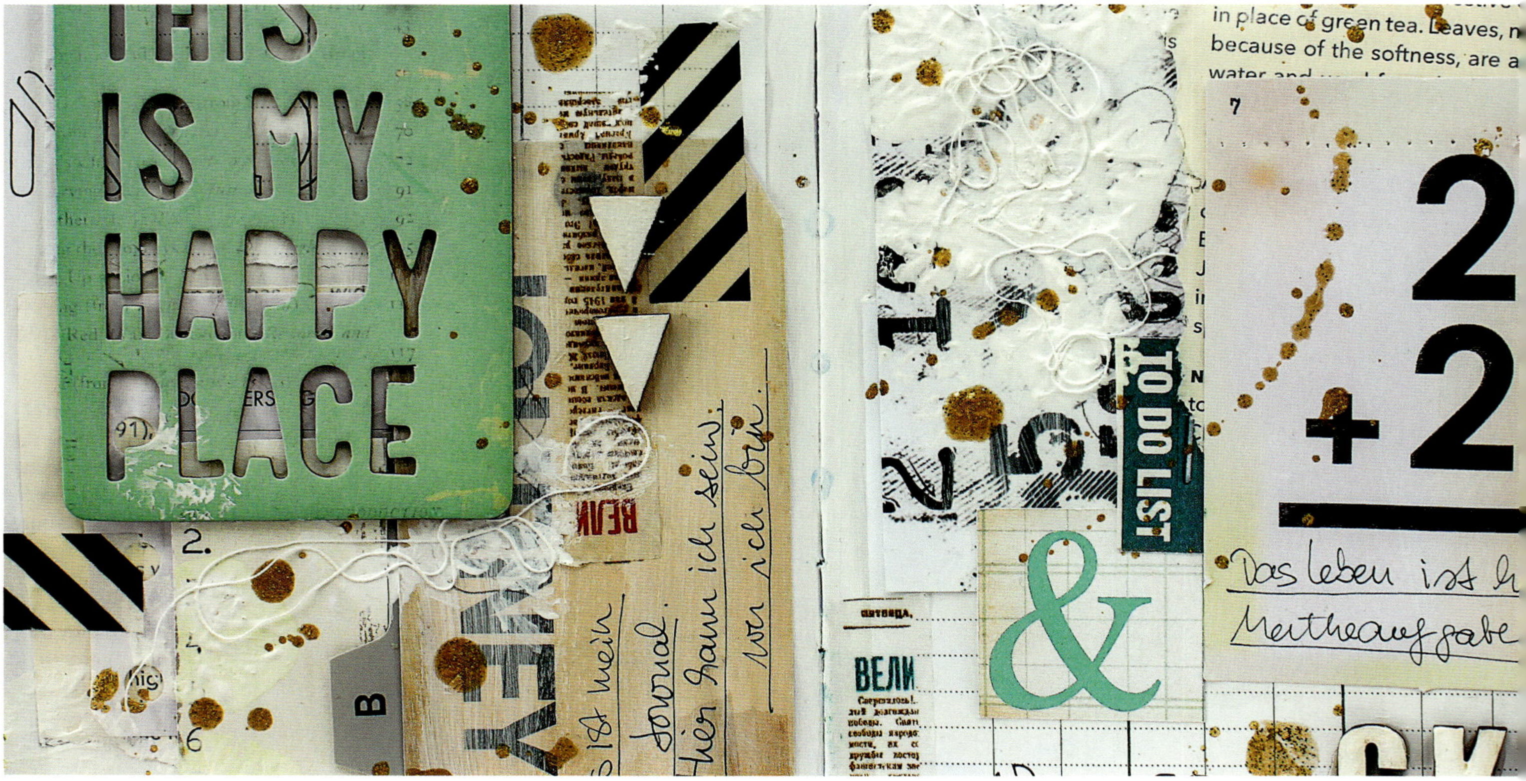
IS MY
HAPPY
PLACE
in place of green tea.
because of the softness, are a
TO DO LIST
2
+2

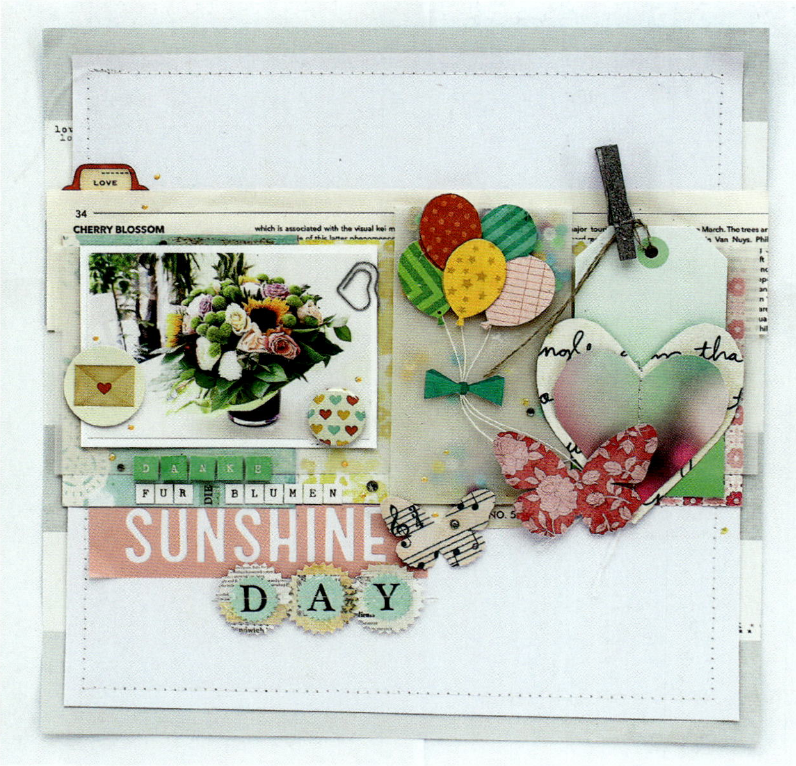
LOVE
CHERRY BLOSSOM
DANKE
FÜR DIE BLUMEN
SUNSHINE
DAY

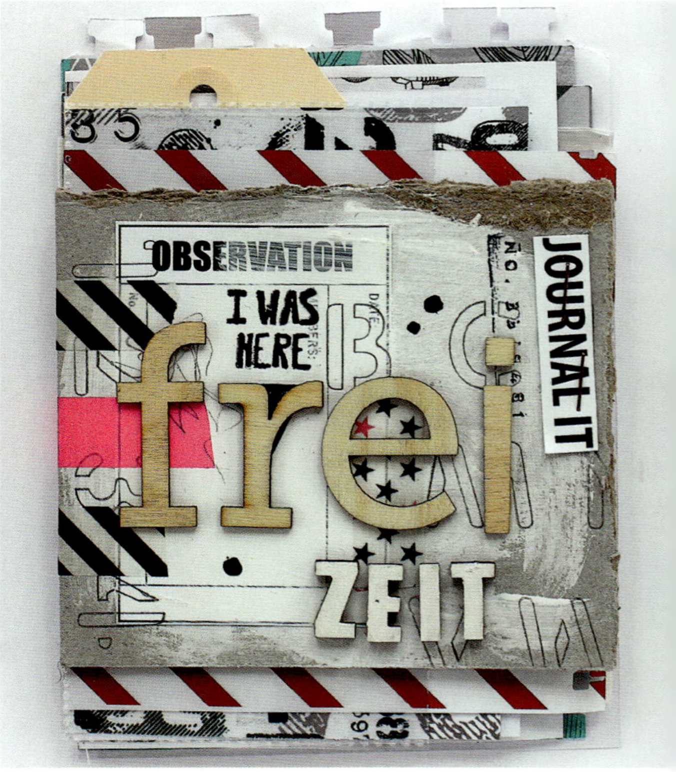
OBSERVATION
I WAS HERE
frei
ZEIT
JOURNAL IT

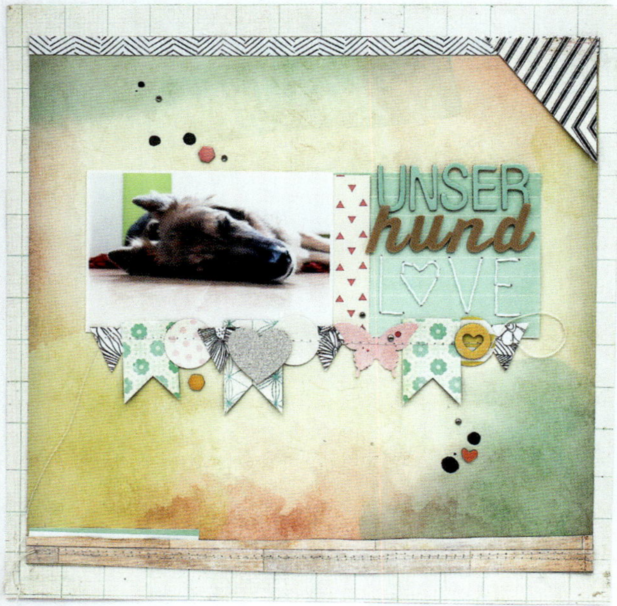
UNSER
hund
LOVE

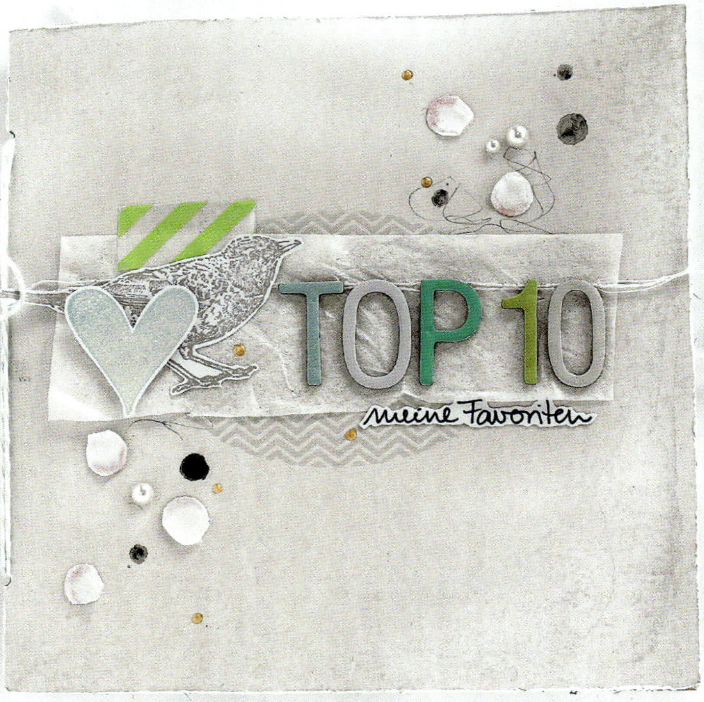
TOP 10
meine Favoriten

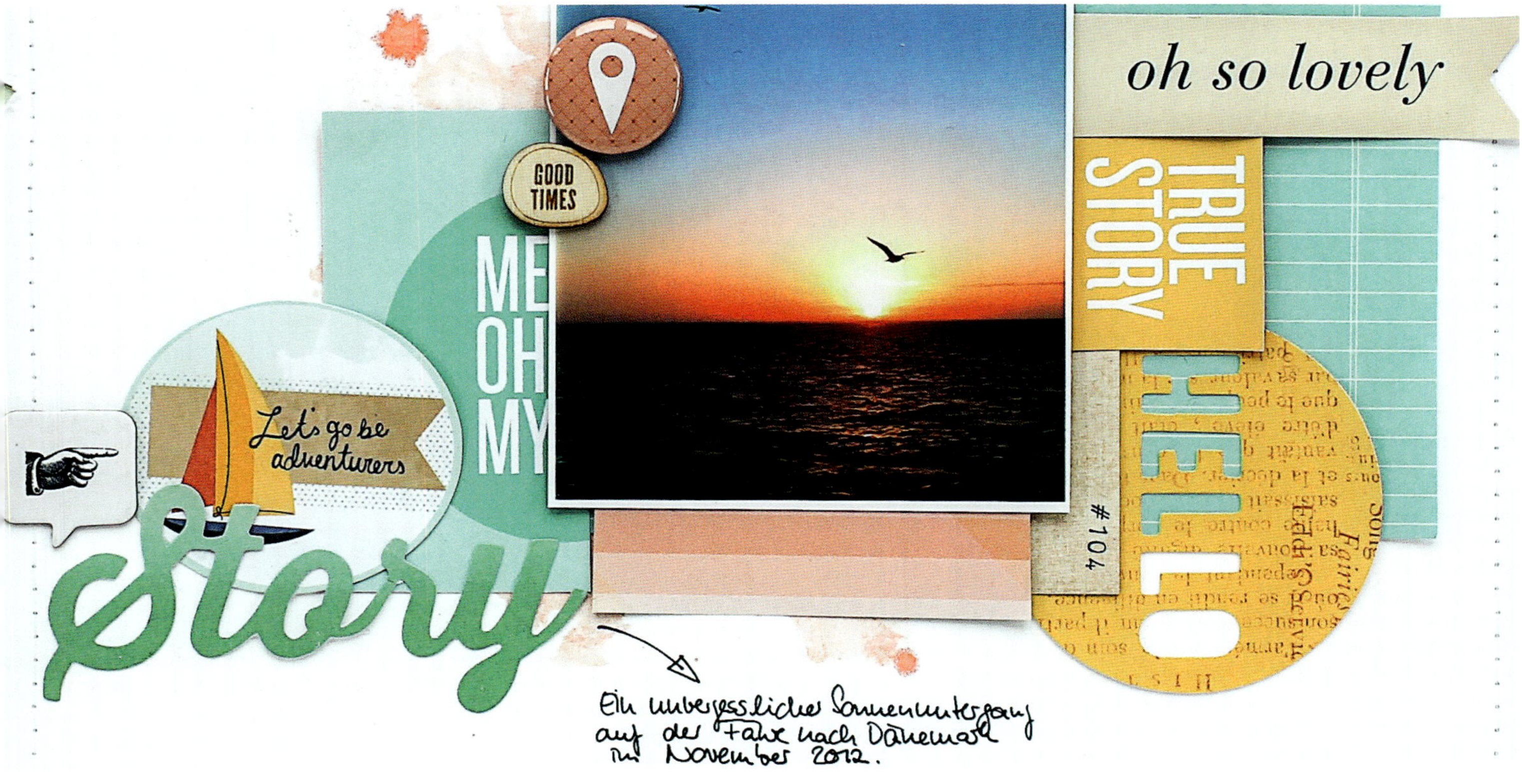
oh so lovely
GOOD TIMES
ME
OH
MY
TRUE STORY
HELLO
#104
Let's go be adventurers
Story
Ein unvergesslicher Sonnenuntergang auf der Fahrt nach Dänemark im November 2012.

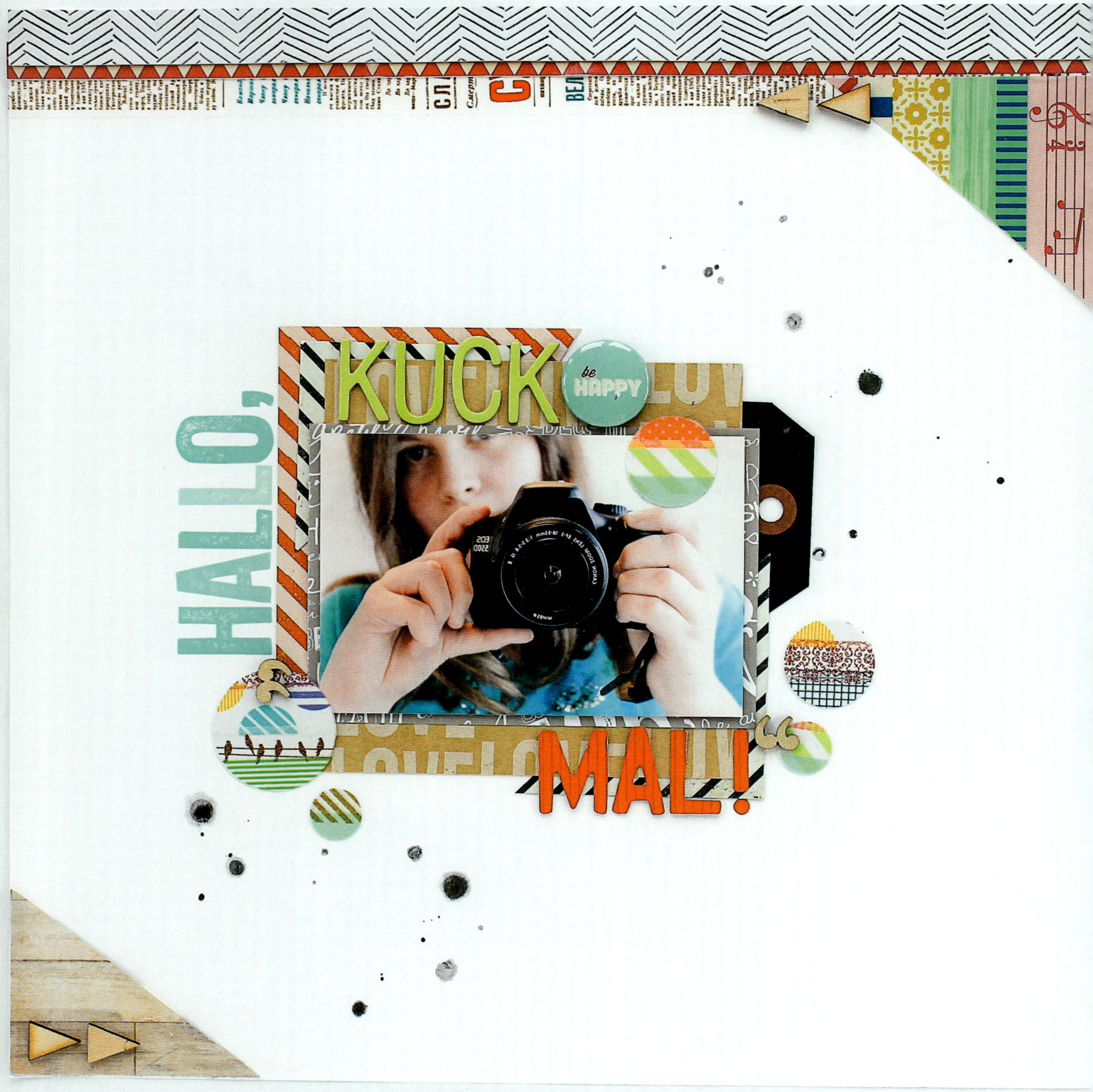
HALLO,
KUCK
be HAPPY
MAL!

El arte de trabajar con papel

La afición por el papel y el color apareció en mi vida en el año 2010. Una amiga me habló de su hobby, el scrapbooking, que yo no conocía hasta ese momento. No tardó mucho tiempo en despertarse en mí la pasión por el scrapbooking, con la realización de mini álbumes, art journals y creaciones con mixed media.

Mi gran objetivo ahora es transmitir a otros mi entusiasmo por los materiales, las técnicas y el trabajo artesanal. Por ello, me siento muy feliz de publicar este libro como un complemento a mis talleres, en él he puesto toda mi ilusión.

Te sorprenderá lo fácil que es elaborar los proyectos presentados de scrapbooking, art journaling, mini álbumes y mixed media. Con un par de instrucciones y numerosas técnicas realizarás tus propias obras en un abrir y cerrar de ojos. Las reglas rígidas sobran. Este libro trata más bien de descubrirte el mundo de los colores y del papel, de conservar experiencias, acontecimientos y pensamientos de formas variadas, dando rienda suelta a tu creatividad.

Espero que después de la lectura de este libro, el mundo del papel te atraiga tanto como a mí. Te deseo que disfrutes mucho realizando los diferentes proyectos.

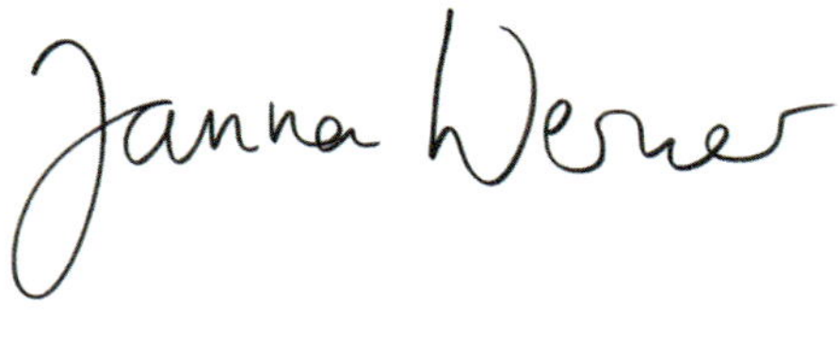

Cómo se hace

En este capítulo se presentan las técnicas generales de los proyectos y los principios del diseño, que sirven de base a las obras de este libro. Las técnicas son muy variadas y pueden aplicarse prácticamente a cualquier proyecto. En las instrucciones básicas se incluye además un resumen de los conceptos y de los materiales utilizados.

Los proyectos presentados en este libro están divididos en cuatro categorías: scrapbooking, art journaling, mini álbumes y mixed media. Las técnicas incluidas en los diferentes capítulos se pueden aplicar a cada una de estas áreas. Del mismo modo que queda atractivo un fondo estampado con un sello tanto en páginas de scrapbook como en páginas de art journal, también es posible combinar los papeles de una forma versátil con diferentes materiales y trabajos. La regla general es la siguiente: nada es imposible.

¿Qué es el art journaling?

Un art journal es un diario visual. Ofrece un espacio para los sentimientos, pensamientos, ideas o también fotografías que no se desean compartir. O simplemente se pueden probar las distintas técnicas. Tanto en art journaling como en scrapbooking y mixed media se utilizan diferentes técnicas y materiales. Aunque el nombre de art journaling se refiere a arte y escritura, no tiene por qué incluirse texto en todas las páginas, a veces una imagen vale por mil palabras. En el art journaling lo importante no es el resultado sino el proceso, y experimentar de modo consciente el momento presente.

¿Qué es el scrapbooking?

El scrapbooking es la técnica que consiste en fijar una o varias fotografías y textos sobre papel. Se utilizan como decoración diferentes adornos, letras adhesivas y memorabilia (o recuerdos), así como sellos de estampar, sprays, pintura, telas, hilos o plantillas. El tamaño del papel puede variar, aunque la medida normal de este es de 30,5 x 30,5 cm. Las láminas de papel de scrapbooking se conservan en álbumes, marcos o cajas. La decoración de las páginas del scrapbook se puede realizar en una gama cromática multicolor, neutra o monocroma. La realización de mini álbumes puede incluirse también dentro del scrapbooking.

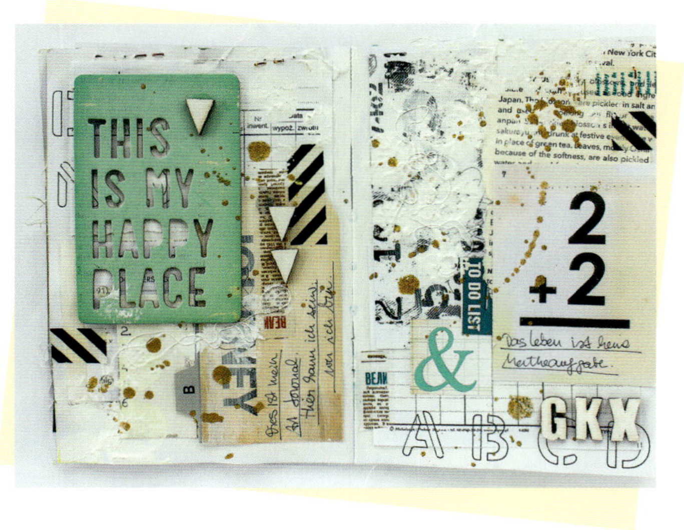

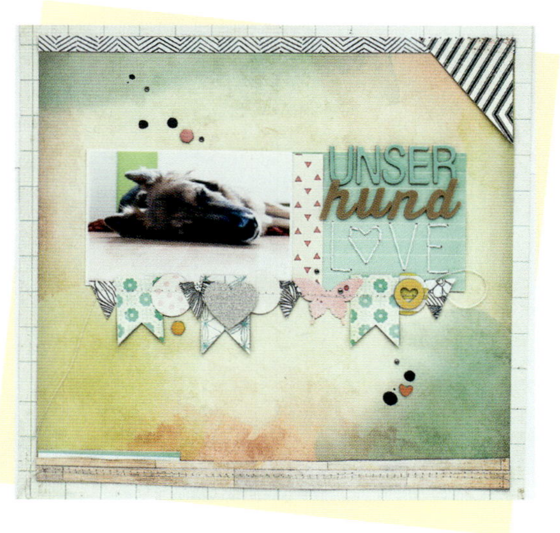

¿Qué son los mini álbumes?

Los mini álbumes sirven para trabajar con un gran número de fotografías. Pueden utilizarse álbumes comprados o realizados por uno mismo. Existen muchas formas de encuadernar y crear álbumes de forma artesanal. Reciben el nombre de mini álbumes porque en general presentan un tamaño menor al formato A5 y entran casi en cualquier bolso.

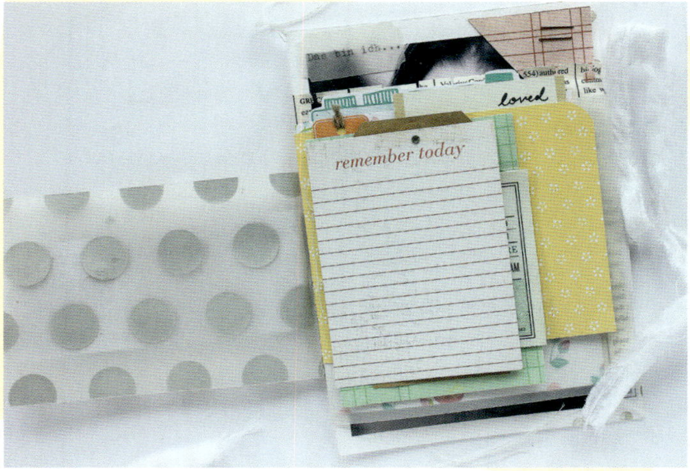

¿Qué es el mixed media?

Mixed media es el término genérico utilizado para proyectos en los que se combinan materiales muy diversos. Se utilizan elementos tradicionales de manualidades como papel con dibujo, pegatinas, pintura (acrílica) y objetos de uso doméstico como plástico de burbujas, restos de cartón ondulado, madera, metal o materiales naturales. Por lo general, en los proyectos de este tipo se superponen diferentes capas sobre un lienzo, cartulina u otros soportes similares. Se puede aplicar el color con un pincel, con un rodillo o con una espátula. Estos últimos utensilios sirven para proporcionar textura y relieve a la obra. En ocasiones se utilizan plantillas para crear un diseño, son las denominadas máscaras o stencils.

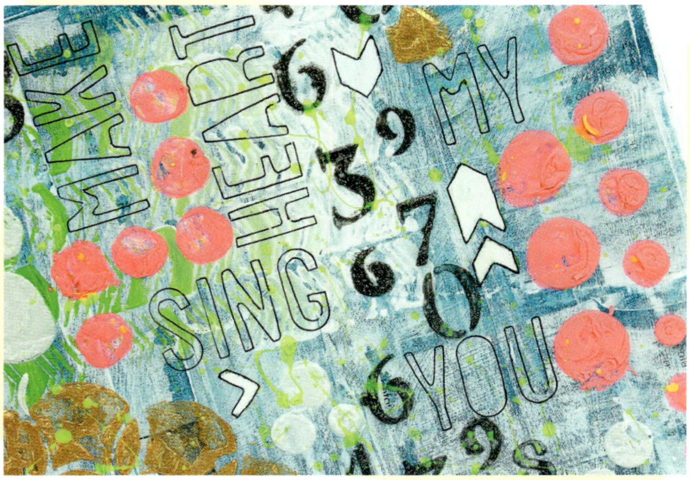

Fotografías

Las fotografías representan el elemento más importante de una página de un scrapbook y de un mini álbum, pero en los proyectos de art journaling o mixed media también aparecen.

Actualmente tomar fotografías es más fácil, ya que el teléfono móvil se saca enseguida y la cámara digital se lleva a menudo en el bolsillo de la cazadora. Incluso el retoque de las fotografías ya no se deja en manos de un profesional. Las fotografías realizadas con el móvil se retocan de un modo fácil y efectivo con distintas aplicaciones (como PicTapGo, Snapseed y Picfx). Existen programas gratuitos de retoque fotográfico, como Picmonkey.com, Ribbet.com, Ipicky.com o Gimp, que crean en unos segundos fantásticos efectos en fotografías digitales, resaltando el motivo preferido. Los programas de pago como Photoshop, Elementos de Photoshop y Lightroom proporcionan un retoque más profesional, pero no son obligatoriamente necesarios en el scrapbooking. En la actualidad se pueden imprimir fotografías por un precio bastante módico, por ejemplo con una impresora de fotografías de fácil manejo, como la Canon Selphy, que cabe dentro de un bolso de mano. Otra alternativa es imprimir las fotografías en una tienda o a través de un servicio *on-line* y retocarlas parcialmente.

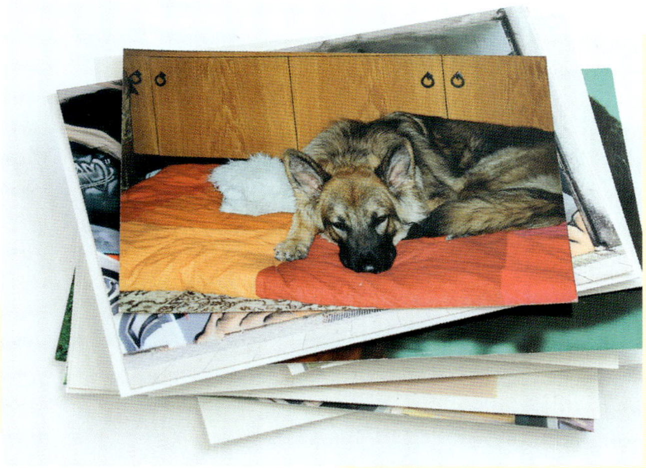

Al trabajar con fotografías es interesante utilizar diferentes efectos, entre otros jugar con el tamaño de las mismas. Una página de un scrapbook con varias fotografías ofrece un aspecto más interesante y dinámico si incluye fotografías de distintos tamaños, mientras que una composición con fotografías del mismo tamaño genera un efecto más sereno y estático.

Las fotografías se pueden imprimir con el borde blanco para que destaquen del fondo. Otra alternativa es enmarcar una fotografía sin borde con una cartulina. Es decir, pegar la fotografía sobre un trozo de cartulina cuyos lados midan unos 2-3 mm más que los lados de la fotografía. En este caso se debe procurar que el color de la cartulina no desentone con los colores de la fotografía. Lo más seguro es utilizar colores neutros como el beige, el gris o el blanco.

Se puede trabajar con fotografías de gran formato, que rellenan la mitad de una página normal de scrapbook. En este caso se consigue un bonito efecto embelleciendo la fotografía con adornos, color o texto.

Pegamentos

Existe una gran variedad de pegamentos diferentes para manualidades. Unos están indicados para proyectos de scrapbooking y otros para proyectos con mixed media. Dependiendo de qué y sobre todo de dónde se vaya a pegar, se utilizan distintos pegamentos y colas. Por un lado están los pegamentos permanentes y por otro los pegamentos que se pueden volver a despegar (fluidos o con dosificador). En los trabajos con mixed media y art journaling se suele usar pegamento de découpage. Se venden en mate y con brillo, influyendo así en el aspecto final de la obra. Existen además los glue dots, que son puntos adhesivos planos y transparentes de diferentes tamaños. Para proporcionar tridimensionalidad a un proyecto, se utilizan puntos adhesivos en 3D. Estos bloques de gomaespuma permiten superponer capa sobre capa. Con una pistola de pegamento caliente se puede pegar prácticamente casi todo, aunque las piezas de plástico finas se deforman con el exceso de calor. Para pegar las fotografías se recomienda un pegamento no corrosivo y que no quede demasiado rígido al secarse.

Medios cromáticos

Básicamente se pueden utilizar todo tipo de medios cromáticos para proyectos de art journaling, mixed media y scrapbooking. Por ejemplo, se obtiene un bello diseño de fondo con motivos estampados en tinta. Según la elección de la tinta para el sello se puede crear un fondo sobrio o un fondo llamativo. El papel se tiñe con resultados maravillosos usando una lámina de plástico y color en spray, acuarela o pintura acrílica.

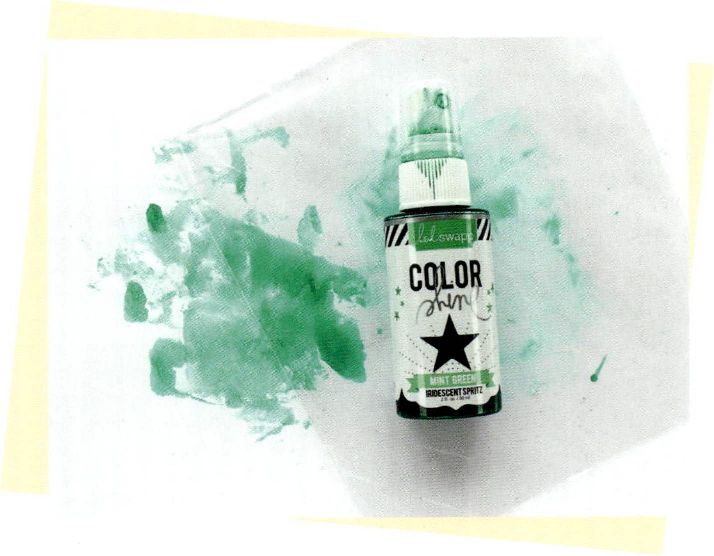

La pintura acrílica es un medio cromático muy utilizado en el art journaling y en el mixed media. Una vez seca, es resistente al agua y no se difumina. Se aplica diluida en agua o sin diluir. Se consiguen fantásticos efectos de texturas aplicando capas espesas de pintura acrílica. Es ideal diluida en agua para crear manchas y salpicados de color, como se aprecia en muchos de los proyectos presentados, pero si se utiliza pintura acrílica en un art journal, hay que tener en cuenta que sus páginas se reblandecen, pues esta pintura no endurece al secarse. Por otro lado, puede sustituir a la tinta de sellos para estampar. Al trabajar con pintura acrílica conviene lavar enseguida con agua fría el pincel, las plantillas o el sello utilizados, para evitar que la pintura se seque.

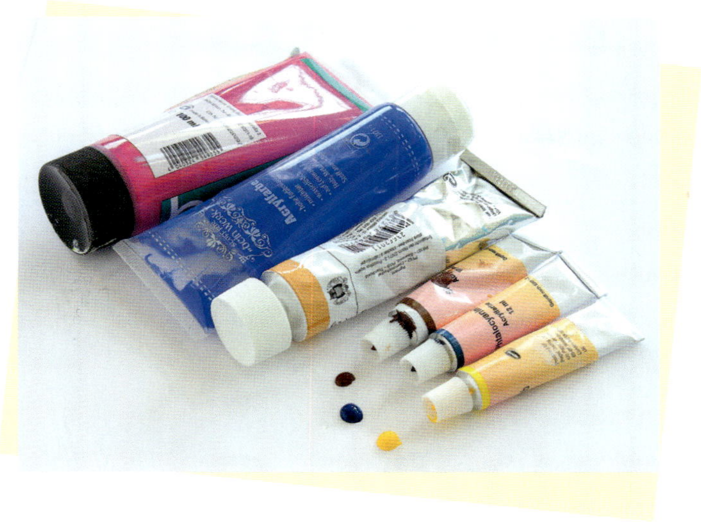

Los marcadores son otro medio cromático muy adecuado para trabajar proyectos de art journaling o mixed media. Existen marcadores con diferentes grosores y composición. Algunos contienen una tinta con base de alcohol, que se seca muy rápido y, por tanto, se difumina poco. Suelen ser recargables. Existe un papel especial para estos marcadores, pero se aplican también sobre papel convencional. En este caso puede producirse un "sangrado", es decir, que la tinta se extienda por el papel, atravesando contornos pintados, igual que el efecto de la acuarela. Se utilizan para colorear, dibujar títulos o retocar contornos. Los marcadores con punta fina son perfectos para contornear elementos delicados y para el journaling.

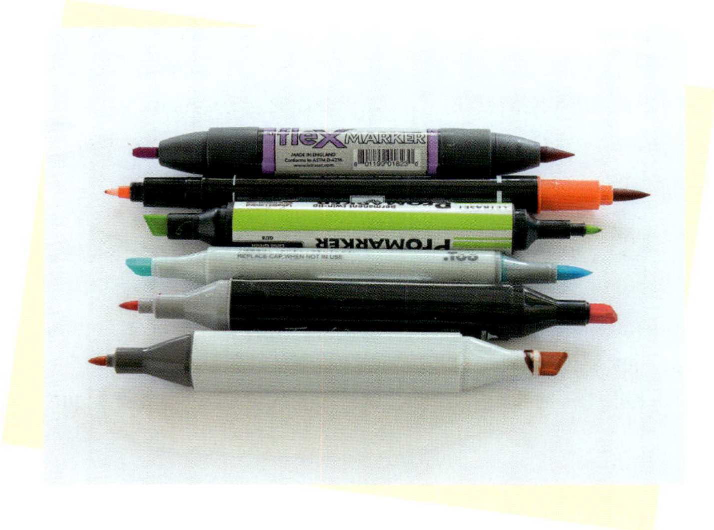

Además de la pintura acrílica y los marcadores, los lápices de colores son un medio cromático fantástico. Casi todo el mundo los conoce de la época del colegio. Si alguien se siente inseguro manejando medios cromáticos permanentes, con estos lápices prácticamente no puede equivocarse, pues se borran con la goma si es necesario. Pero aquí existen más diferencias de las que en principio se puede creer. Además de los estuches normales de las tiendas, hay empresas especializadas que comercializan lápices de colores para artistas. Estos últimos se caracterizan por sus materiales de alta calidad, como pigmentos cromáticos sólidos a la luz o minas resistentes a la rotura. Junto a los lápices acuarelables, con los que se pueden conseguir suaves transiciones cromáticas y tonos suaves, existe una subdivisión de lápices de cera y lápices con base al óleo. Son más cremosos y se pueden superponer o difuminar de un modo fácil y rápido. Los lápices de colores dejan en el papel ligeros "huecos" en los que no penetran los pigmentos, por ello los colores parecen más claros. Dependiendo de la fuerza con que se aplica el lápiz al pintar, se obtiene un tono saturado o más transparente. Las zonas de transición cromática se pueden suavizar con un bastoncillo de algodón o una toallita húmeda de bebé. También es posible aclarar un color mediante un lápiz blanco o con un tono más claro del mismo color.

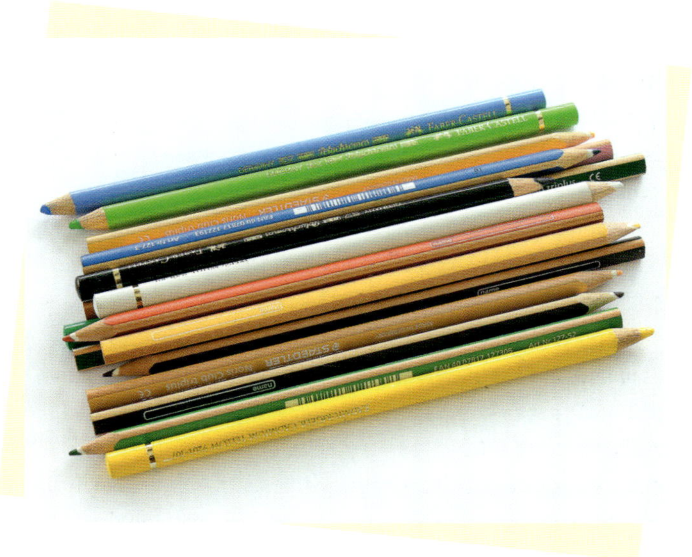

El último medio destacable son los rotuladores PITT de Faber-Castell, perfectos para colorear, trabajar contornos y escribir texto. Estos rotuladores están rellenos con tinta india, una tinta de alta pigmentación. Se aplican tanto en seco como en húmedo. Nada más aplicarse se pueden difuminar, pero pasados unos segundos se fijan de forma permanente. Además de utilizar los rotuladores PITT directamente sobre papel, es posible tintar con ellos un sello y estampar motivos, creando un efecto similar al de la acuarela. Otra variante de la acuarela que se obtiene con estos rotuladores consiste en pintar con ellos una lámina de silicona para hornear. Luego se rocía el color con agua y por último se pasa el papel sobre la lámina de silicona.

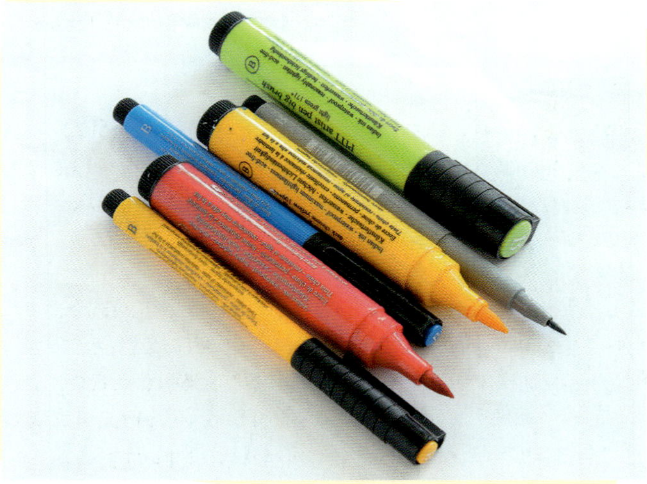

Como se mencionó al principio, cualquier medio cromático sirve para embellecer trabajos de manualidades, como los rotuladores clásicos, las tizas, los sprays o los lápices de carboncillo. Se recomienda tener en cuenta la aplicación de fijadores, para asegurarse de que el color no se desprenda del fondo o se active con agua.

Ciencia del color

Los colores son un elemento estilístico básico y ejercen un influjo importante en el efecto que transmite la obra. Aunque cada persona siente, interpreta y asocia los colores de forma diferente, los siguientes colores suelen asociarse a estas características:

Blanco: puro, elegante, moderno, sereno.
Negro: misterioso, distinguido, fuerte, elegante, formal.
Verde: alegre, esperanzador, natural, vivo.
Rojo: cálido, enérgico, vivo, explosivo.
Amarillo: solar, fresco, activo, alegre.
Azul: sereno, estable, frío, distante, seguro.
Gris: moderno, elegante, neutro, armonioso, sobrio.
Rosa: romántico, alegre, soñador.
Naranja: optimista, comunicativo, dinámico, alegre.
Turquesa: fresco, vivo, claro, abierto.
Violeta: inspirador, místico, original.

Los colores se dividen en primarios, secundarios y terciarios. El rojo, el amarillo y el azul son colores primarios. A partir de las mezclas de estos tres colores se crean todos los demás. Pero los colores primarios no se obtienen nunca mezclando otros colores. Los colores secundarios son el resultado de mezclar dos colores primarios; por ejemplo, del azul y el amarillo se obtiene el verde. Los colores terciarios son una mezcla de colores primarios y secundarios. Los pares de colores enfrentados en el círculo cromático se denominan colores complementarios. Si se combinan uno al lado de otro, por ejemplo en una página de un scrapbook, su efecto es más luminoso.

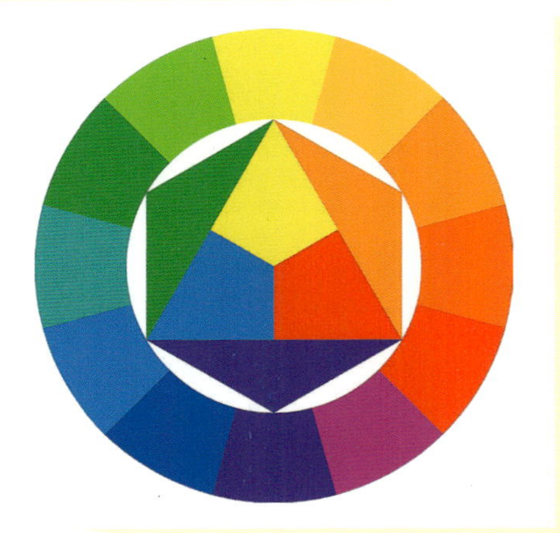

Además se puede diferenciar entre colores armónicos e inarmónicos, fríos y cálidos, cercanos y lejanos, vivos y apagados. Entre los colores apagados se encuentran el negro, el blanco y todos los colores obtenidos de las mezclas de los dos anteriores. Al mismo tiempo, el blanco y el negro son colores neutros, igual que los tonos naturales como el color crema, marfil, beige o caqui. Los colores neutros no generan un efecto fuerte y solo resultan interesantes junto a colores vivos o de contraste. Combinados de este modo producen un efecto elegante, armonioso y equilibrado.

El tono básico de los colores fríos tiende hacia el azul. Generan un efecto tranquilizador, relajante y fresco, y proporcionan profundidad a un proyecto. Al contrario que los colores cálidos, cuyo tono básico tiende hacia el amarillo y representan actividad y alegría, los colores fríos crean una sensación de lejanía.

Los colores armónicos se complementan entre ellos de un modo agradable. Por el contrario, las combinaciones inarmónicas de colores como el rojo y el rosa, generan un contraste incómodo y rico en tensiones.

No solo el color influye en el carácter de un proyecto, también los contrastes originados. Un contraste de claroscuro produce tensión en una página monocroma, es decir, de un solo color. Por ejemplo, si el proyecto de manualidades contiene un color principal, como el azul, se eligen diferentes matices de este color y se añaden al proyecto.

Paleta cromática

Para facilitar un poco la clasificación de colores, se puede fabricar una paleta cromática. Con ella se obtiene una panorámica rápida de los colores y diseños que combinan entre sí. No es necesario comprar papeles especiales, se pueden utilizar restos. Se perfora un agujero en el borde izquierdo superior de cada papel y se unen mediante una anilla. De este modo, los diferentes papeles se mantienen unidos.

Las paletas cromáticas son perfectas también para disponer de un catálogo panorámico de los materiales de los que se dispone. Por ejemplo, se aplican distintos sprays sobre papel y luego se clasifican en una paleta. En el reverso del papel se puede anotar también la técnica utilizada, el nombre exacto del color y el fabricante. Otros materiales que pueden catalogarse en una paleta son cartulinas, papeles de colores, recortes de periódicos, tintas, sprays, lápices de colores, rotuladores o cintas Masking Tape. La clasificación puede realizarse por colores, materiales, temas o fabricantes. Para proteger de suciedad las paletas, se recomienda plastificar las páginas.

Recopilar inspiraciones

La palabra inspiración proviene del latín y significa que alguien es estimulado mentalmente para realizar o sentir algo (creativo). La inspiración proviene de cosas o seres que fomentan nuestra creatividad. Vemos un arcoíris y de pronto se nos ocurre la idea de introducir esta gama cromática en una página de un scrapbook. Una cosa lleva a la otra y permite a cada persona conservar sus pensamientos, sentimientos o imágenes de una forma creativa.

Para poner en marcha el proceso artesanal, se puede utilizar un libro de inspiración. Este se realiza uniendo las diferentes páginas en forma de álbum, o con cuadernos prefabricados, carpetas y archivadores.

En los libros de inspiración se recopilan recortes de periódicos, fotografías, tarjetas de colores, combinaciones cromáticas, papeles, telas y otras cosas varias. Si uno no sabe cómo continuar o necesita un pequeño empujón con las manualidades, hojear las páginas de un libro de inspiración puede ser de gran ayuda.

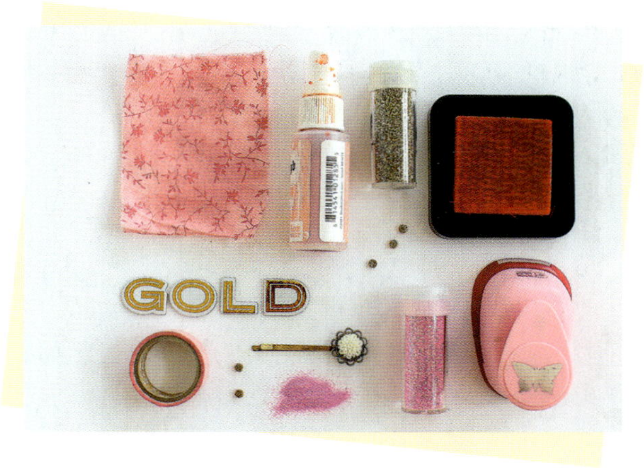

Otra posibilidad fantástica para recopilar inspiraciones y recibir impulso creativo son los *moodboards.* Son cuadros donde se agrupan diferentes materiales, como recortes de periódico, fotografías, telas y otras cosas, y se fijan en un tablón o en una plancha de porexpán colgados en la pared. Los materiales se seleccionan según un tema o un color determinado. Los diseñadores suelen utilizar mucho los *moodboards* para capturar la atmósfera que quieren dar a un determinado proyecto.

Principios de la composición y elementos estilísticos

Las preferencias en la creación de álbumes, páginas de scrapbooks, art journals y proyectos con mixed media son siempre personales. Pero existen un par de principios básicos de diseño que facilitan una composición armónica. Seguidamente, se incluye una breve explicación.

Equilibrio y perspectiva

En un proyecto se debe tener en cuenta un cierto equilibrio. Si se colocan muchos elementos en el lado izquierdo del proyecto y ninguno en el derecho, la mitad izquierda acumula más peso y desequilibra la visión de conjunto. Además conviene trabajar una página según la dirección de la mirada: como se escribe de izquierda a derecha, lo normal es contemplar una página del mismo modo. La dirección de la mirada va desde el lado superior izquierdo al lado superior derecho. Para que la mirada del observador se detenga en la composición, conviene crear en el lado izquierdo, un poco hacia el centro o en la mitad inferior, un punto de atención, un foco que atraiga a los ojos.

La regla de los tercios

La regla de los tercios es una regla básica de composición de la fotografía que puede transferirse también a otros trabajos artísticos. El proyecto se divide mentalmente en dos líneas verticales y dos líneas horizontales, obteniendo nueve partes del mismo tamaño. El elemento que se quiere resaltar, por ejemplo una fotografía en una página de un scrapbook, se coloca en las líneas de la cuadrícula o en los puntos de intersección. De este modo se obtiene una composición visual interesante y armónica.

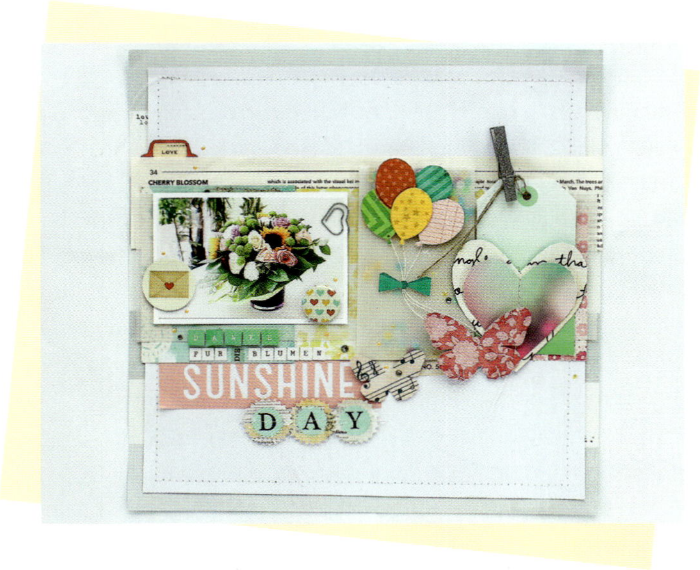

Simetría y asimetría

Los elementos dispuestos de forma simétrica crean un efecto armónico. Esto se consigue con una cuadrícula (imaginada) o *grid.* Se colocan los elementos a distancias idénticas, generalmente combinados de modo geométrico. Los proyectos con una composición simétrica generan un efecto estático de calma.

Las composiciones asimétricas, por el contrario, aportan al proyecto una cierta tensión y desarmonía, que invita a contemplarlos con más detenimiento.

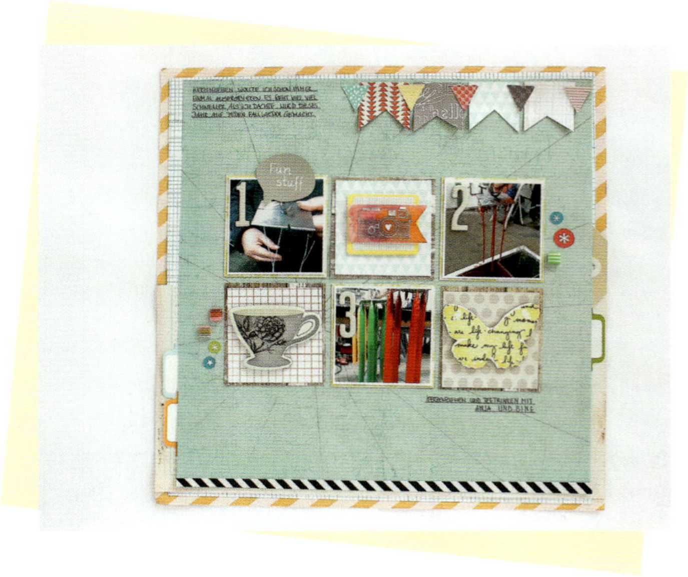

Repeticiones

La repetición de elementos, formas y colores genera un efecto tranquilizador y confiere simetría a un proyecto. Además en determinados proyectos, como los formados por dos páginas de art journaling, conecta las dos mitades mediante la utilización de las mismas formas, colores o dibujos y establece una relación entre ambas.

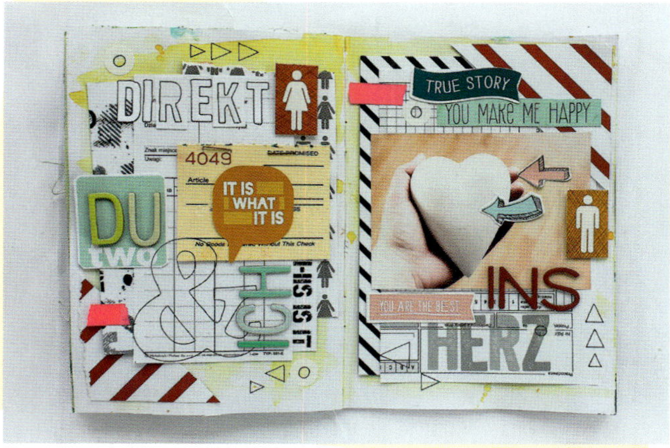

Clustering

Un cluster es un grupo de elementos similares. En una página de un scrapbook se pueden agrupar objetos con una referencia temática común o una similitud de tamaño, color o material. Las piezas así ordenadas atraen inmediatamente la mirada y se utilizan para realzar determinadas áreas de la composición.

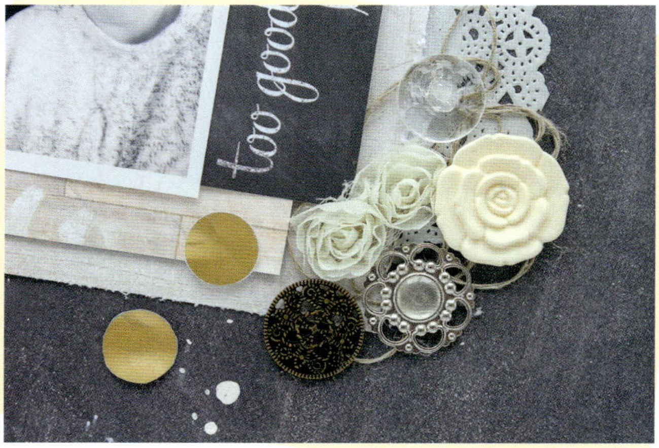

El juego de contrastes

Los contrasten aportan tensión a un proyecto y lo vuelven más interesante. Existen diferentes posibilidades de crear contrastes, como por ejemplo un contraste fuerte entre el fondo y el primer plano, que puede realizarse mediante la utilización de elementos y colores claros/oscuros, cálidos/fríos o vivos/apagados. Otra posibilidad de introducir contrastes es la variación de tamaños, por ejemplo al diseñar el título. Las letras con tamaños diferentes proporcionan dinamismo.

Pueden obtenerse otros contrastes combinando diferentes diseños (flores frente a dibujos geométricos), colores (neón frente a colores pastel), texturas (blanda o dura) o superficies (con o sin relieve).

Layering

El layering consiste en la superposición de diferentes capas sobre un fondo. Se realiza colocando adornos superpuestos o revistiendo con capas de papel o de color, algo usual en los proyectos de mixed media. El layering relaja el cuadro y crea dimensión, haciendo más interesante el proyecto.

En el layering conviene utilizar elementos que combinen, como colores o diseños armónicos. Aunque también se puede jugar con los contrastes, por ejemplo colocando juntos el rojo y el rosa en una composición.

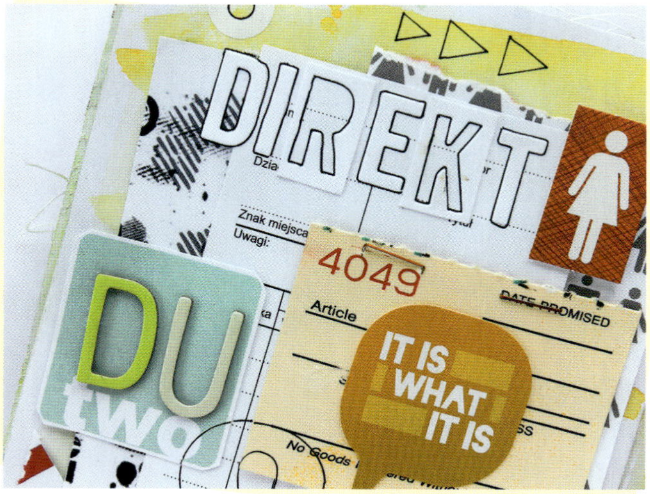

Layering no significa únicamente superponer los elementos en plano o ligeramente desplazados, también es posible disponerlos en forma de abanico o plisados. El papel crespón es fantástico para realizar volantes y las cintas Masking Tape se pueden fruncir. De este modo, además de varias capas se obtienen nuevas texturas.

Tridimensionalidad

La técnica del layering se utiliza para dar más dimensión a un proyecto. Existen otros trucos que ayudan a conseguir este efecto. La regla general es no pegar todos los elementos en plano. Se crea más dimensión si algunos de ellos revolotean sobre el proyecto; por ejemplo, levantando los bordes de los papeles. Para ello se aplica pegamento solo en el centro del papel, de modo que sea posible enrollar los bordes hacia arriba. Los pequeños banderines fijados solo parcialmente proporcionan profundidad de forma rápida. Los banderines quedan genial ligeramente curvados hacia arriba. La variante clásica son los puntos adhesivos en 3D. Los pequeños cuadrados o círculos de gomaespuma adhesivos por las dos caras, se fijan debajo de un papel o una fotografía.

Los puntos adhesivos se utilizan también para colocar pegatinas. En este caso se recomienda pegar primero las pegatinas sobre papel y recortarlas.

Color blocking

El color blocking proviene en realidad del mundo de la moda. Se trata de un elemento estilístico en el que se combinan entre sí colores explosivos como el rojo, el rosa y el turquesa.

El proyecto de manualidades se divide en rectángulos de diferentes tamaños. Luego se pegan fotografías y papel de colores unos junto a otros, a la misma distancia, de forma simétrica o asimétrica. El color blocking posibilita reunir varias fotografías en una página y es una técnica apropiada tanto para principiantes como para avanzados, ya que permite crear páginas sencillas o complejas.

Gofrado

El gofrado es la técnica del grabado de relieves en papel, mediante plantillas con dibujos y un rodillo. Existe también la variante del gofrado en caliente *(heat embossings)*. En este último caso se estampa el motivo de un sello con una tinta transparente sobre el papel y luego se espolvorea encima polvo de gofrado, que existe en diferentes colores y granulados. El sobrante se sacude sobre un papel separado, para guardarlo después de nuevo en el paquete.

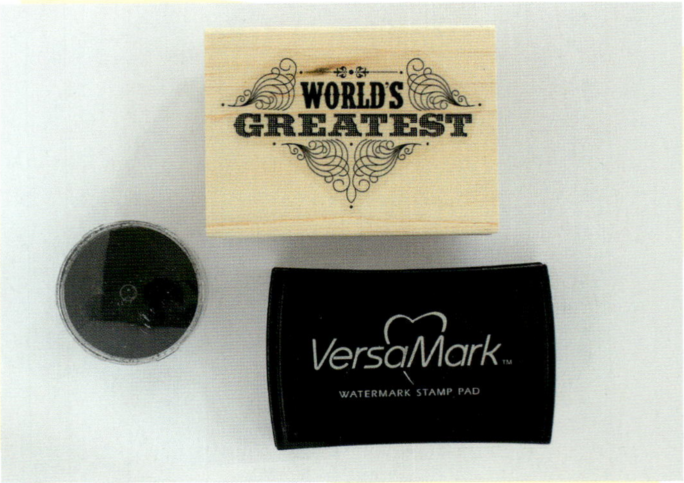

El polvo se calienta sobre el motivo estampado mediante un secador de gofrado, hasta que se derrite y se transforma en una pasta compacta. El calor de un secador de pelo normal no es suficiente en este caso.

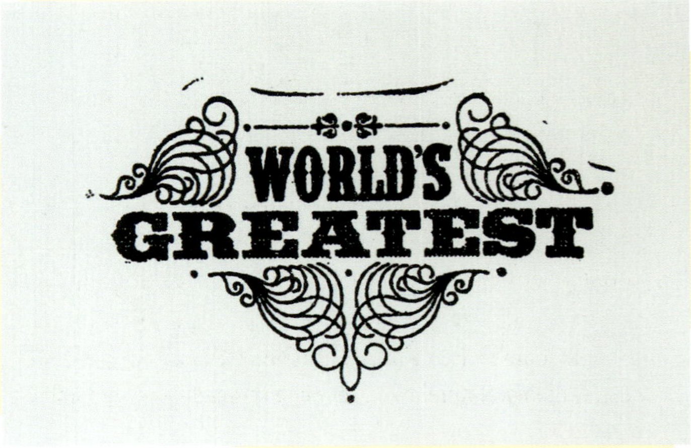

Contornear

Los contornos son los bordes utilizados para embellecer o resaltar diferentes áreas o elementos de un proyecto. Se trabajan con rotuladores, lápices de colores, pinturas de cera, marcadores de gel o tinta. Mediante marcos, adornos y límites, los distintos elementos se destacan mejor unos de otros, creando contrastes. Los contornos aumentan el atractivo visual del proyecto y aportan una nota personalizada. Las formas se pueden contornear antes, durante o después de pegarlas. Al trabajar contornos se usan diferentes elementos estilísticos como líneas, arabescos, costuras dibujadas, lazadas, formas en zigzag, etc.
Al realizar un contorno, principalmente sobre fotografías, es importante tener en cuenta las características del marcador; por ejemplo, si es resistente al agua o destiñe, o si contiene una base de alcohol o de agua que pueda influir en el papel y en la fluidez del color. En los comercios especializados se vende un gran número de marcadores, fabricados especialmente para rotular fotografías.

Textura

La textura representa otro elemento estilístico muy importante. La aplicación de diferentes texturas hace que un proyecto sea visualmente más interesante, cree dimensión e invite a tocar la página. La textura se genera por un lado aplicando diferentes materiales como tela, papel, metal o madera, y por otro al rasgar, recortar o troquelar papel. Las costuras son también un modo genial de crear texturas, ya sea a mano o a máquina.

Diseño del título

El diseño del título ofrece muchas posibilidades para resaltar la página con una nota especial. Se pueden utilizar letras adhesivas del mismo color o tamaño, o combinando distintos colores. Otra variante es el uso de plantillas. Las letras se trabajan con lápiz, marcadores, pinturas o spray. El uso de diferentes plantillas permite crear una caligrafía interesante y dinámica. También es posible reutilizar materiales, por ejemplo dibujar las letras con un lápiz sobre restos de papel, cartulina o tela y recortarlos con las tijeras. Naturalmente, el título se puede escribir también a mano.

Tipos de encuadernación de mini álbumes

Existen muchas variantes para encuadernar un mini álbum, desde modos complejos a otros muy sencillos. Las elegidas en este libro son muy fáciles y se realizan en unos minutos. Así se dispone de más tiempo para trabajar la composición.

Encuadernación de 2 o 3 puntos

La encuadernación de 2 o 3 puntos es un tipo de encuadernación de mini álbumes muy sencilla. Se eligen los materiales deseados que después formarán las páginas y se pliegan por la mitad. Luego se insertan las páginas dobladas unas dentro de otras. Cuanto más grueso sea el álbum, más sobresaldrán las páginas por el lado derecho. Se pueden cortar todas a la misma anchura con un cúter.

En la encuadernación de 2 puntos se perforan dos agujeros en el canto de pliegue, a la misma distancia del borde superior e inferior del álbum. Luego se enfila una aguja con hilo a través de los agujeros. Dependiendo de si el hilo se enfila por el exterior o el interior del álbum, el nudo quedará al final por dentro o por fuera del mismo.

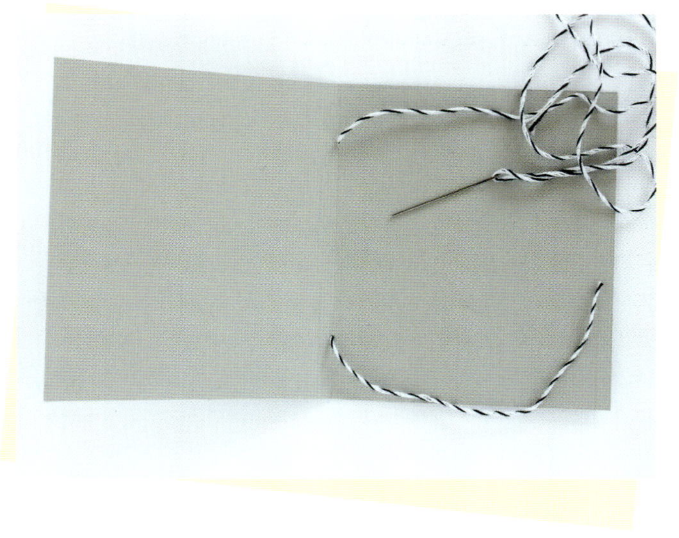

En la encuadernación de 3 puntos, se perforan tres agujeros en el canto de pliegue a la misma distancia y se enfila el hilo primero por el centro, después por el agujero superior, por el agujero inferior y de nuevo por el centro. En páginas con diferentes tamaños conviene tener cuidado de perforar los agujeros en todas las hojas. La encuadernación se puede ocultar pegando encima cintas Masking Tape.

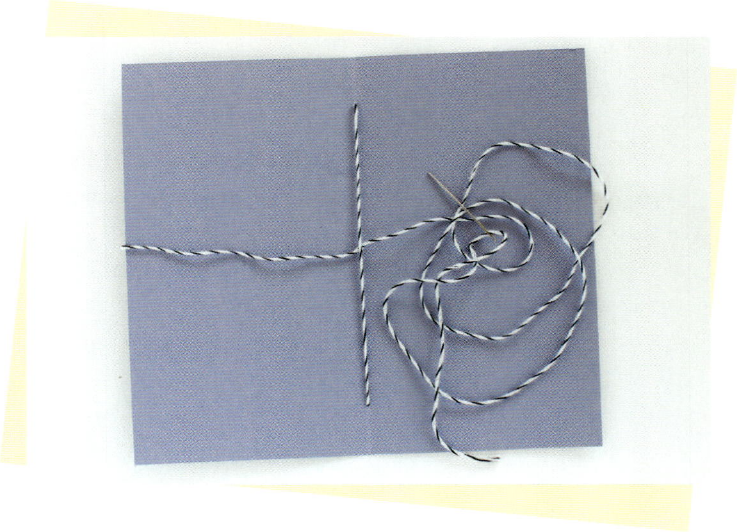

Encuadernación de anillas

La encuadernación de álbumes con anillas es una de las más conocidas y populares, es fácil de realizar y los álbumes disponen de espacio para un gran número de páginas. Existen anillas de muchos colores y tamaños distintos.

Los álbumes se pueden unir con una sola anilla, pero en este caso es importante utilizar el tamaño apropiado para evitar que los papeles se doblen. En la encuadernación con una sola anilla es más fácil extraer o arrancar las hojas.

Si se fijan más anillas en el lomo del álbum, se pueden colocar a la misma distancia, aunque no necesariamente. En este caso también es importante que las anillas sean del tamaño adecuado, para evitar que las páginas se traben al hojear el álbum. Esta encuadernación es muy sencilla: se colocan los papeles en el orden deseado, se perforan agujeros en las zonas respectivas y después se pasan las anillas por los agujeros. En caso necesario, las anillas se pueden revestir con cintas.

Encuadernación con cola

La encuadernación con cintas Masking Tape puede denominarse también encuadernación "portátil", ya que estos álbumes se realizan en cualquier lugar y con poco esfuerzo. Solo se requieren materiales para componer las páginas y cintas Masking Tape. Se colocan las hojas unas junto a otras y se unen por uno, dos o más puntos con las Masking Tape. La cinta se pega en sentido transversal o longitudinal al lomo.

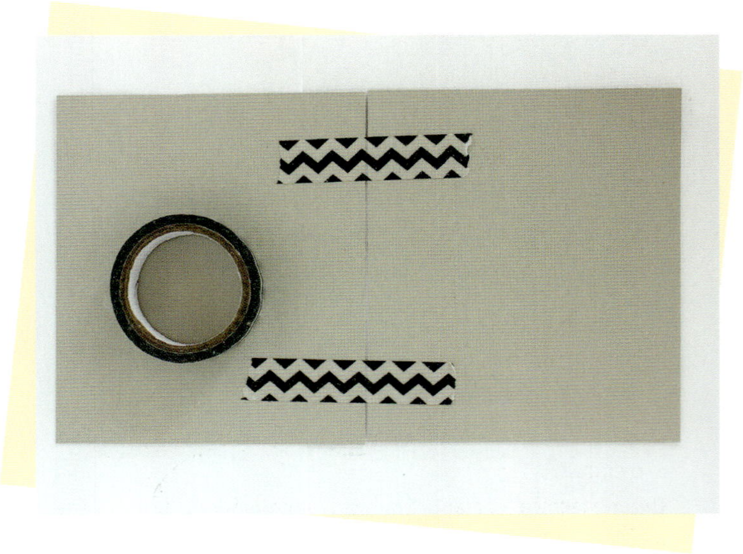

Encuadernación cosida

Otra variante para encuadernar un álbum es mediante costuras. Se doblan los papeles por la mitad y se colocan unos dentro de otros. En caso necesario, cortar los papeles que sobresalen por el lado abierto. Luego coser a máquina el canto de pliegue. La distancia entre las puntadas no debe ser muy pequeña, ya que los papeles pueden romperse. El punto de costura adecuado es el pespunte recto simple.

Términos y materiales utilizados en el libro

Cartulina: con o sin relieve.
Cluster: grupo o conjunto de materiales.
Cúter: cuchilla de corte.
Diseño: composición de una página de un scrapbook y la propia página en sí.
Escrapear: elaboración de una página de scrapbook.
Estilo grunge: aspecto desgastado y "sucio".
Etiqueta: colgante de diferentes tamaños, formas y colores.
Etiquetadora Dymo®: aparato para imprimir texto con relieve.
Gesso: pasta blanca de imprimación.
Hidden journaling: journaling oculto.
Insignia: especie de botón, casi siempre adhesivo.
Journal: cuaderno, diario.
Journaling: composición de un pequeño texto.
Journaling spot: lugar donde puede colocarse el journaling.
Máscara: plantilla.
Masking Tape: también llamadas Washing Tape, son cintas decorativas autoadhesivas.
Memorabilia: recuerdos y objetos de interés, como tiques o entradas.
Ombre: técnica mediante gradaciones cromáticas.
Papel con dibujo: papel estampado, llamado también papel de diseño.
Papel con filigranas: servilleta decorativa.
Pegatina: adhesivo decorativo.
Pizarra: de tiza.
Plegadera: instrumento para aplanar zonas de pliegue.
Portada: parte frontal de un álbum.
Puntos adhesivos: puntos adhesivos transparentes.
Scrapbooking: decorar y conservar fotografías sobre papel o en álbum.
Scraps: restos o pedazos de papeles.
Spray: en general, spray de pintura hidrosoluble.
Stencil: plantilla.
Tachuelas: tachuelas con dibujos, de diferentes tamaños y formas.
Técnica de envejecido: técnica consistente en crear un efecto antiguo o desgastado.
Troquelados: motivos troquelados, por lo general de cartulina o cartón gris.

Los materiales utilizados en este libro pueden adquirirse en papelerías, tiendas de manualidades y especializadas en scrapbooking.

En las páginas siguientes se muestran los materiales más utilizados en los distintos proyectos presentados.

Pegamentos y herramientas de corte

Pegamento: líquido y en barra, puntos adhesivos en 3D para resaltar las fotografías, pegamento de découpage o para servilletas, cinta adhesiva de doble cara y puntos adhesivos.

Tijeras, cúter y guillotina: tijeras normales de manualidades, tijeras para contornos (o tijeras con dibujo) para decorar el papel, cúter y guillotina para realizar cortes rectos en los distintos papeles y elementos.

Troqueladora: perforador de motivos y contornos con diferentes formas y tamaños.

Sacabocados: para perforar agujeros en distintos materiales.

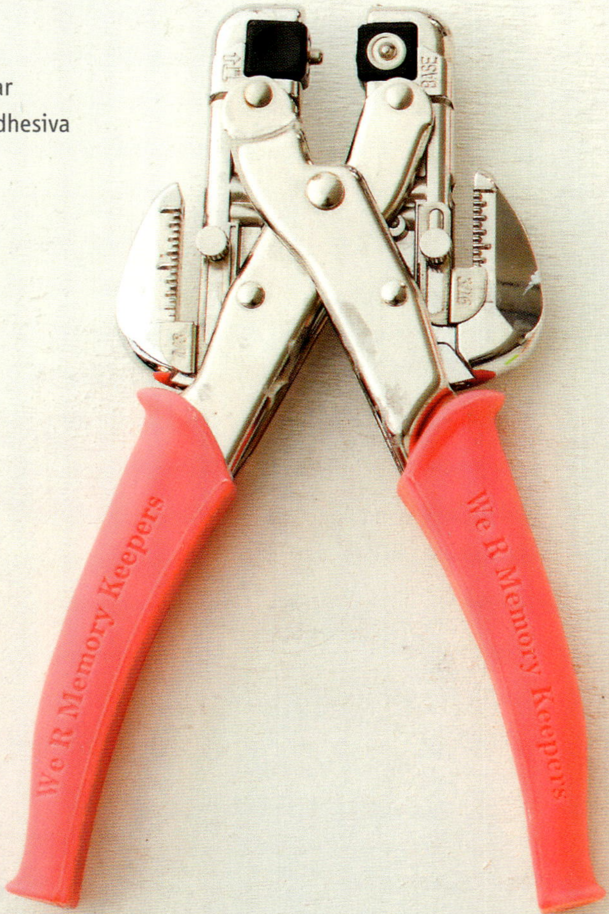

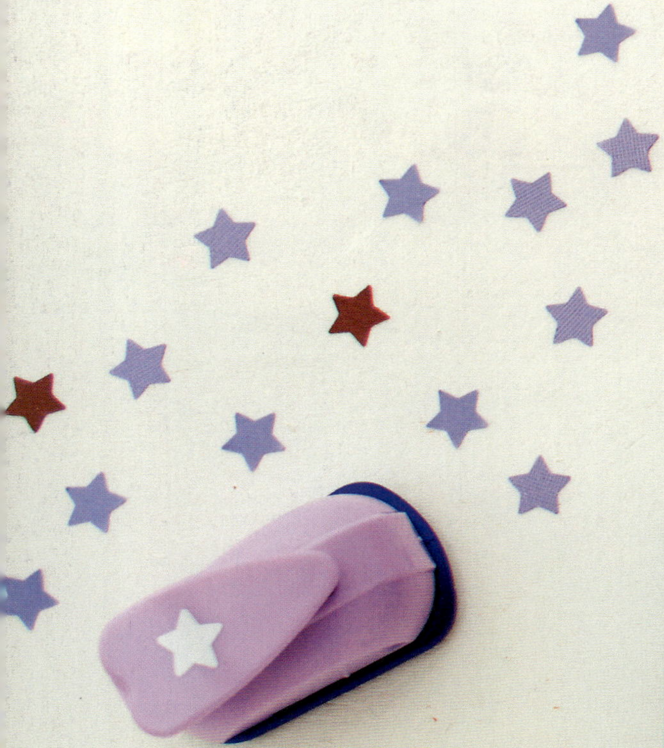

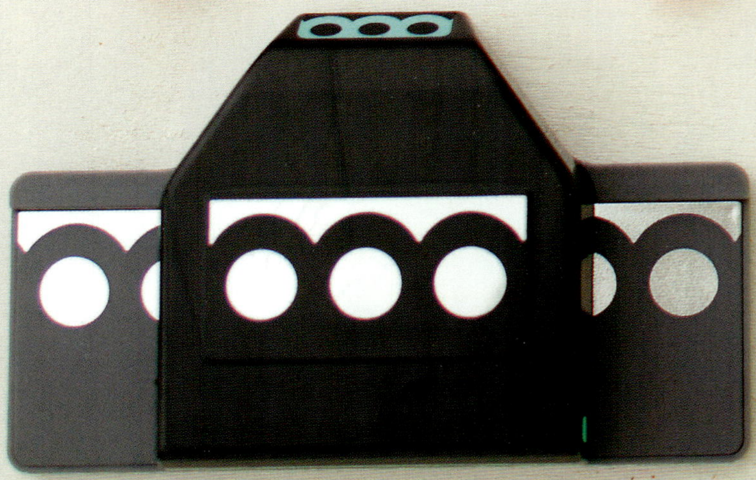

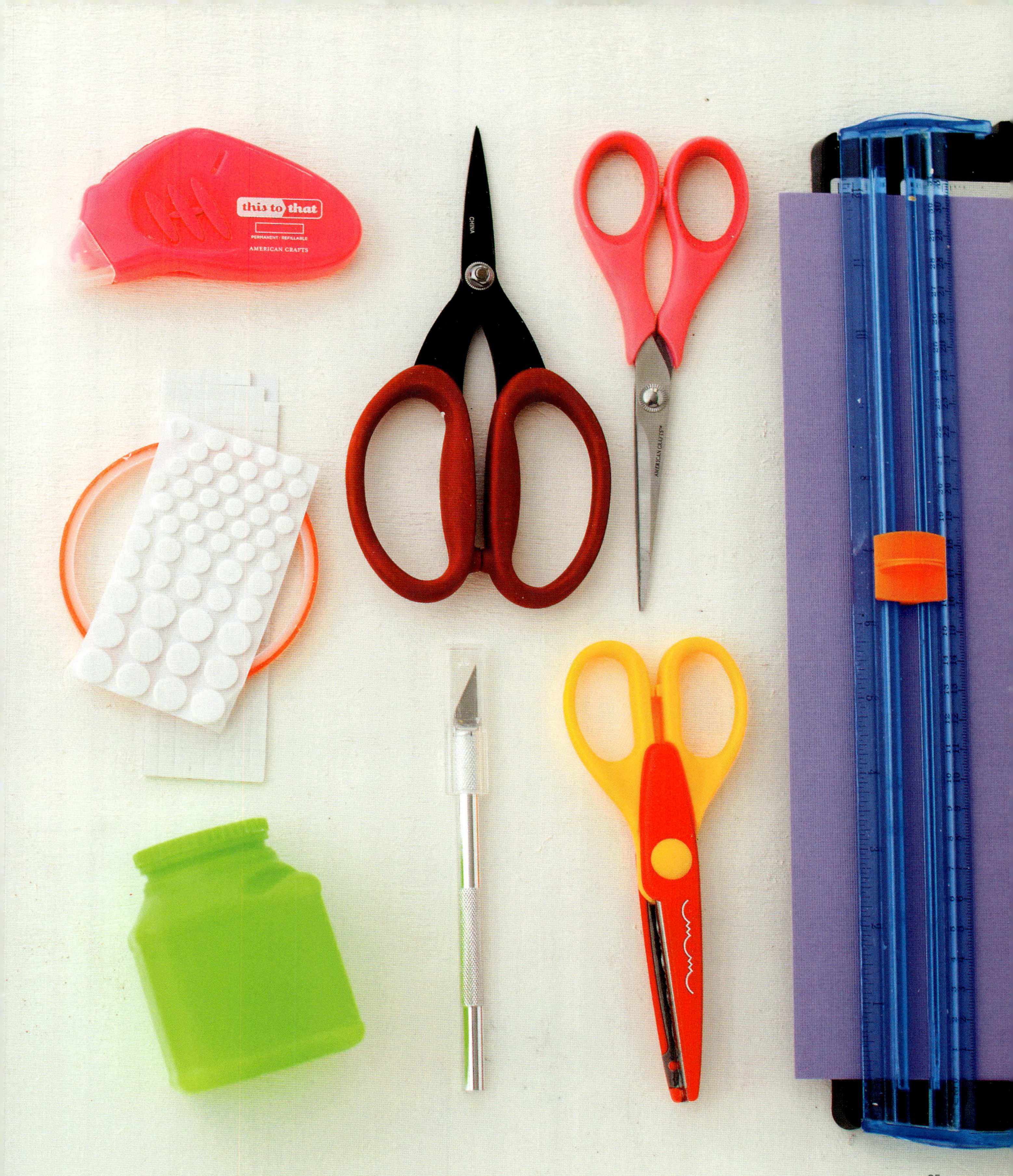
this to that
PERMANENT REFILLABLE
AMERICAN CRAFTS

Medios cromáticos

Distintos medios cromáticos: pintura acrílica, acuarelas, gelatos, rotuladores PITT, marcadores.
Gesso: blanco para imprimación de fondos.
Pincel: de distintas anchuras, para aplicar el color.
Almohadillas de tinta: de diferentes colores para estampar con sellos.
Rodillo: para distribuir el color sobre un fondo.

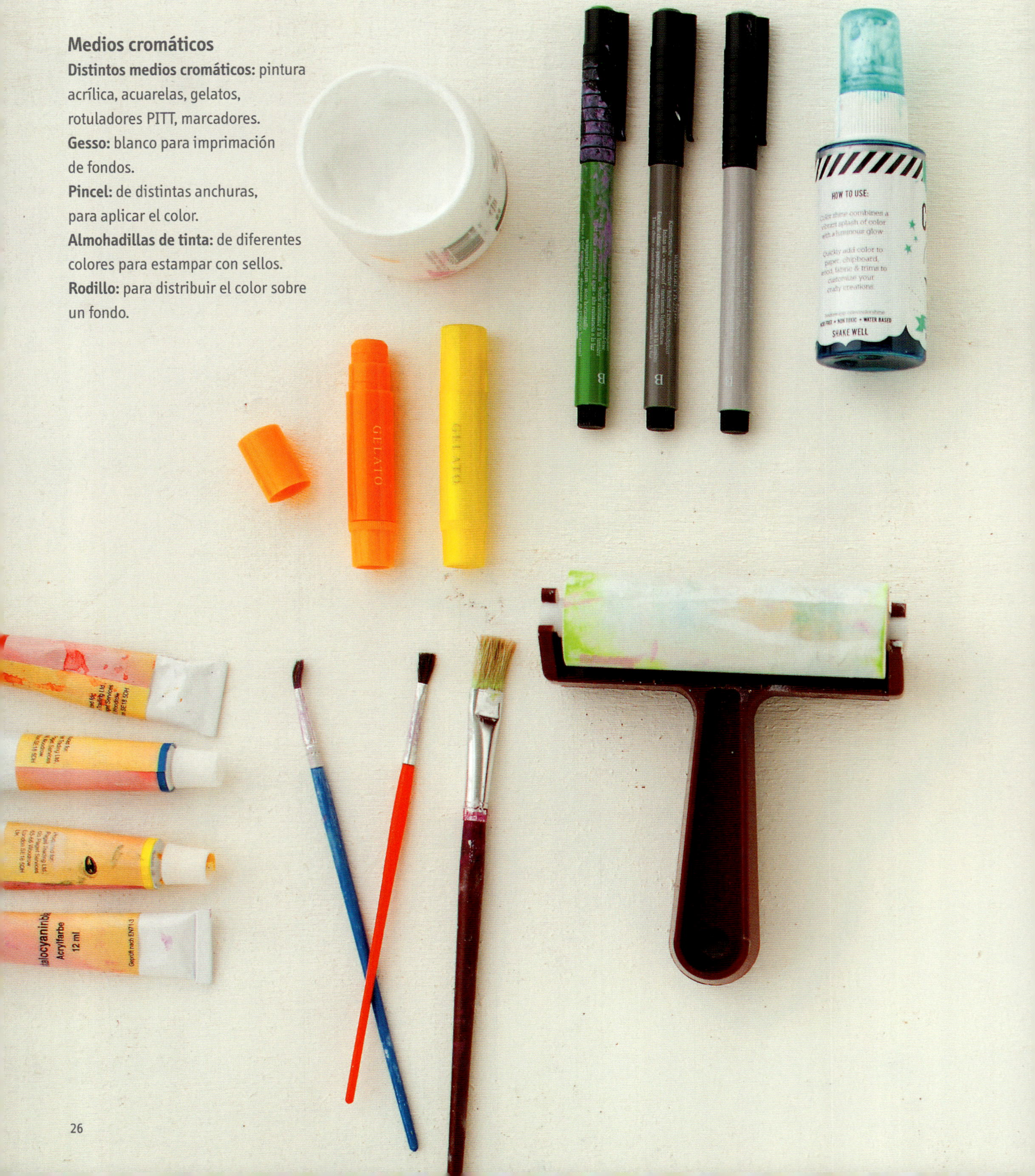

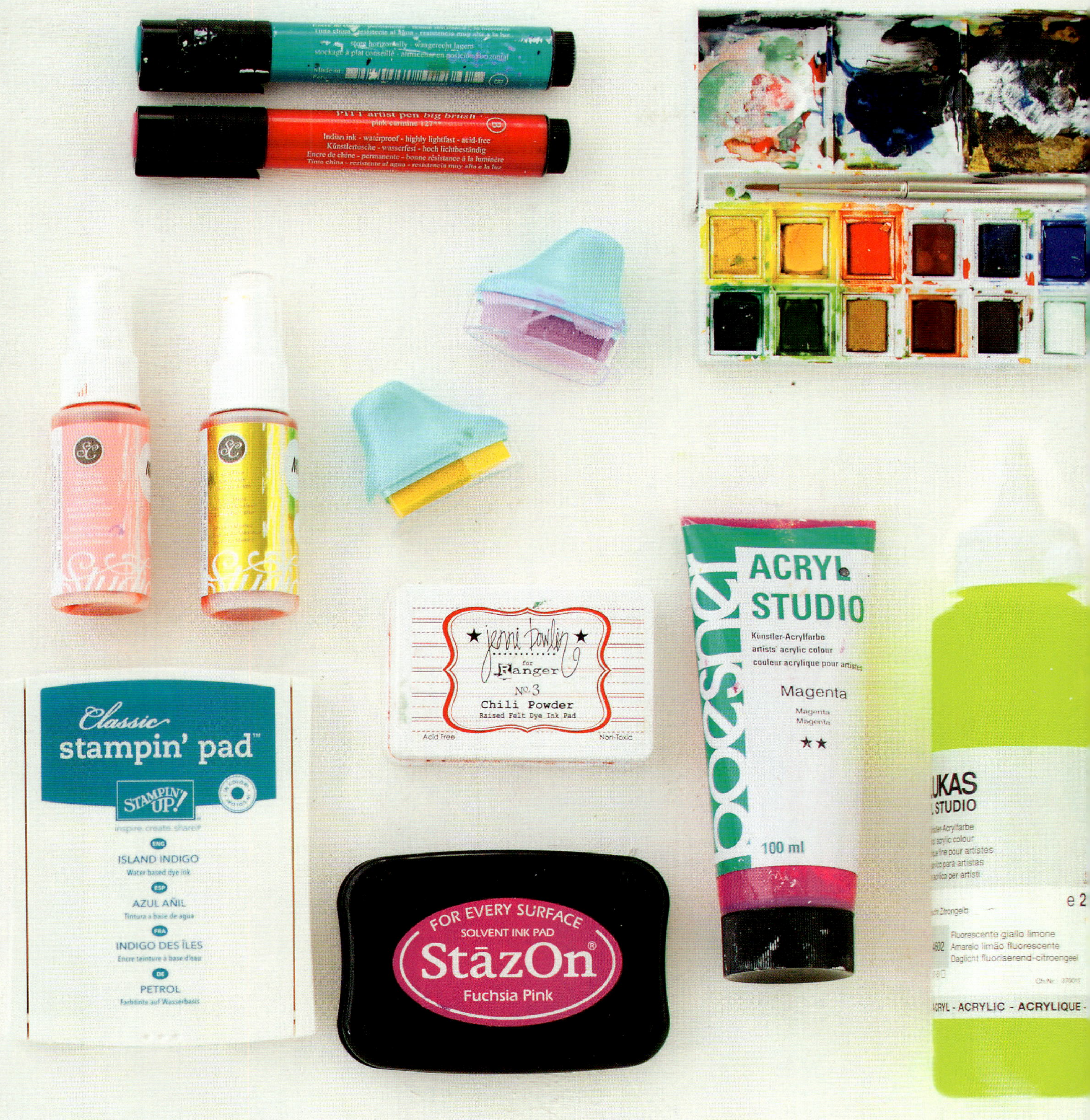

PITT artist pen big brush
Indian ink - waterproof - highly lightfast - acid-free
Künstlertusche - wasserfest - hoch lichtbeständig
Encre de chine - permanente - bonne résistance à la lumière
Tinta china - resistente al agua - resistencia muy alta a la luz
jenni bowlin for Ranger
No.3
Chili Powder
Raised Felt Dye Ink Pad
Acid Free
Non-Toxic
ACRYL STUDIO
Künstler-Acrylfarbe
artists' acrylic colour
couleur acrylique pour artistes
Magenta
100 ml
Classic stampin' pad
STAMPIN' UP!
inspire.create.share
ISLAND INDIGO
Water-based dye ink
AZUL AÑIL
Tintura a base de agua
INDIGO DES ÎLES
Encre teinture à base d'eau
PETROL
Farbtinte auf Wasserbasis
FOR EVERY SURFACE
SOLVENT INK PAD
StāzOn
Fuchsia Pink
Fluorescente giallo limone
Amarelo limão fluorescente
Daglicht fluoriserend-citroengeel
ACRYLIC - ACRYLIQUE

Papel y más

Papeles: papeles estampados para embellecer los proyectos.
Cartulina: cartulina (para fotografías) de diferentes colores, con o sin relieve.
Adornos: ornamentos que se fijan en un proyecto de manualidades, como pegatinas, troquelados, tachuelas, Masking Tape o insignias.
Alfabeto: letras de plástico, cartulina o cartón (por lo general, autoadhesivas).
Polvo de gofrado, secador de gofrado: para realizar texturas y adornos, por ejemplo con dibujos estampados con sellos.
Álbumes: se venden álbumes especiales para archivar el papel de scrapbooking en fundas protectoras.

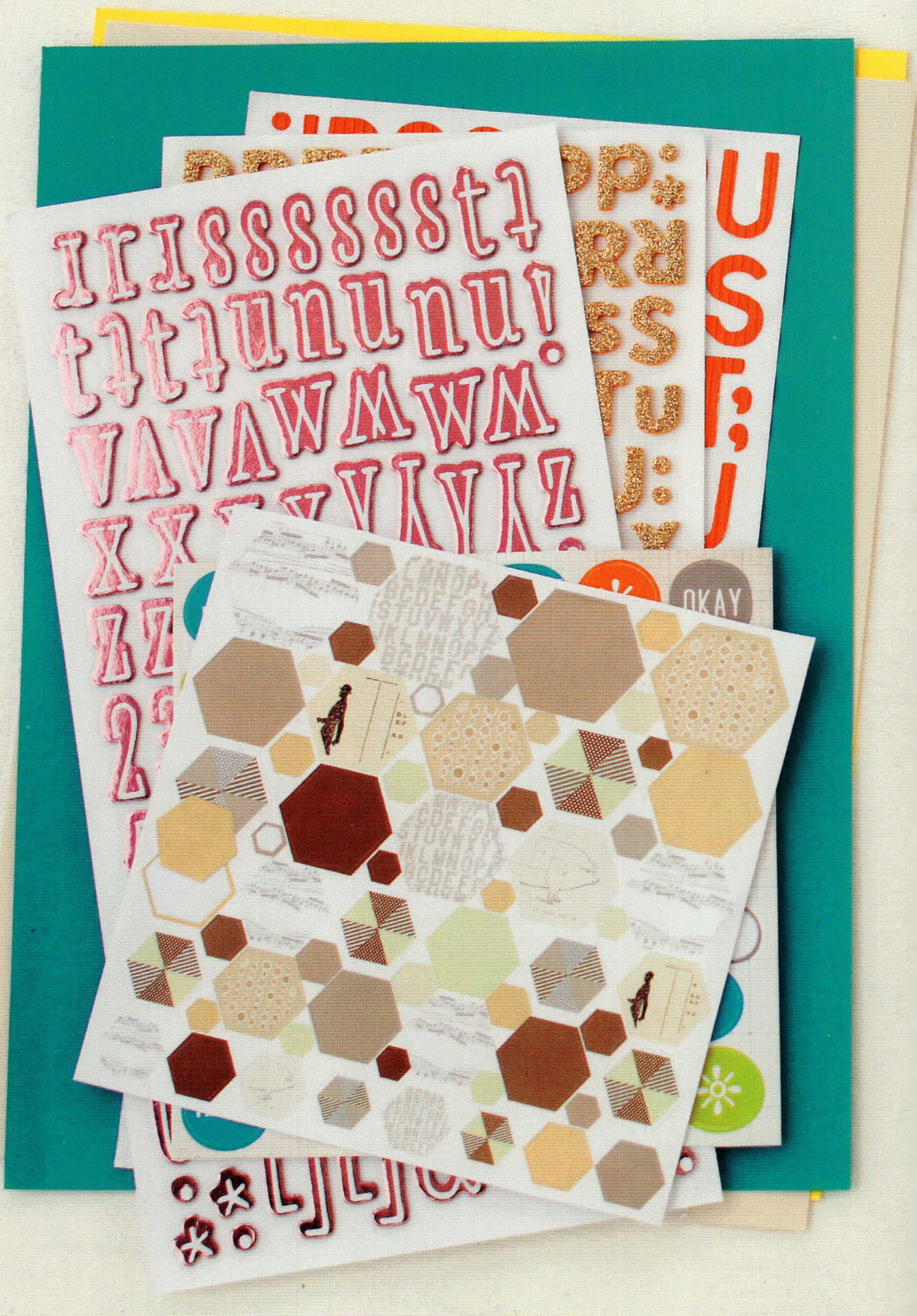

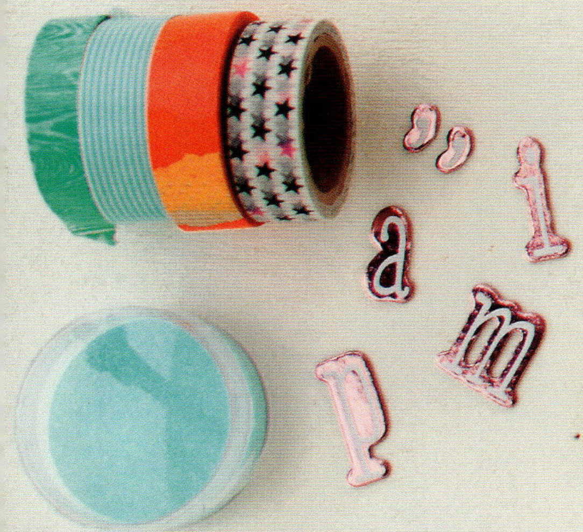

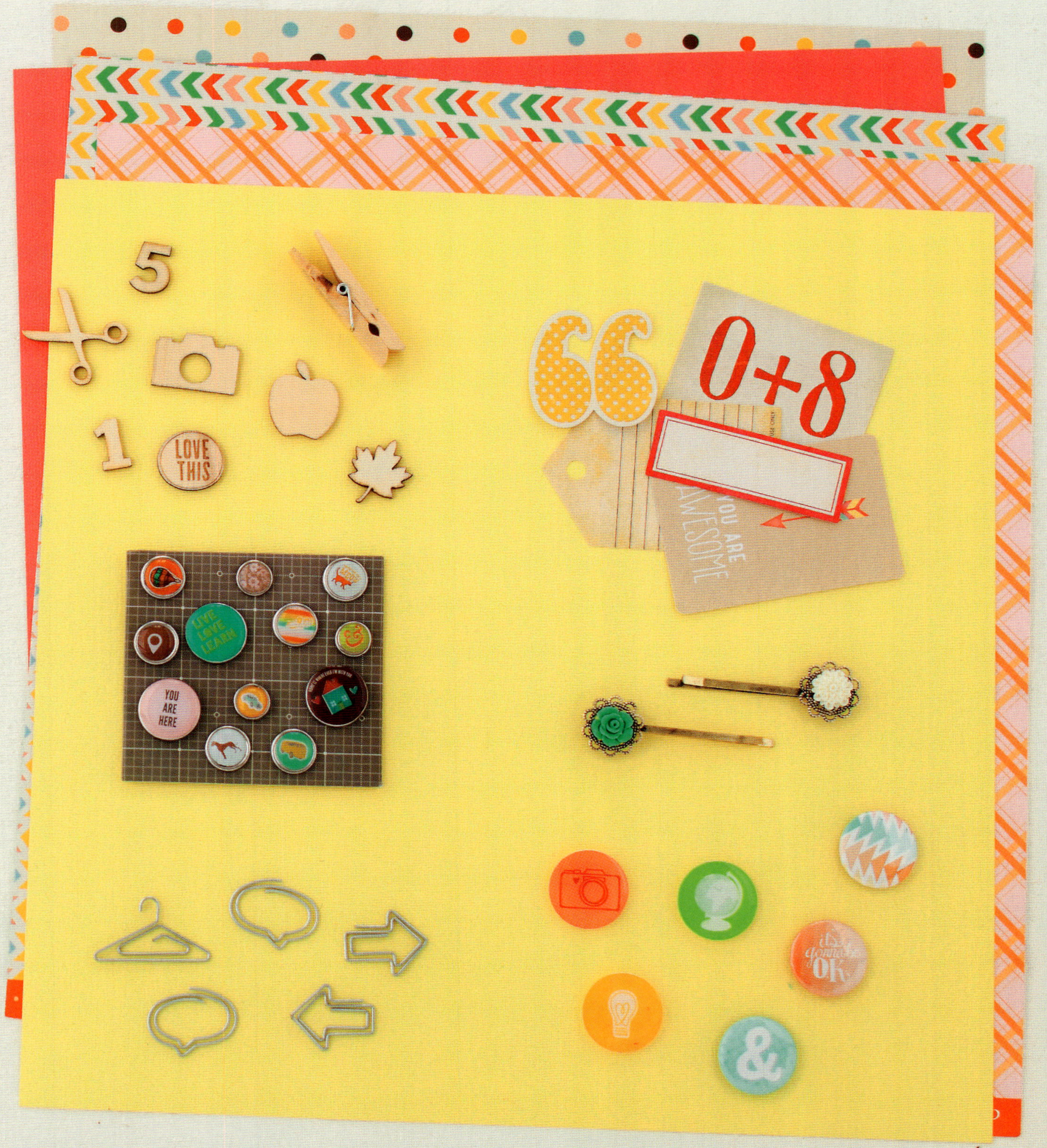
5
LOVE THIS
1
0+8
YOU ARE AWESOME
LIVE LOVE LEARN
YOU ARE HERE
OK

Scrapbooking

La cámara fotográfica es el utensilio más importante para los aficionados al scrapbooking. En todo momento se toman fotografías de personas, animales, objetos y experiencias. Para no olvidar esos instantes maravillosos, las fotografías se pueden guardan embellecidas con adornos y papeles multicolores, aplicando muchas técnicas originarias del ámbito del mixed media.

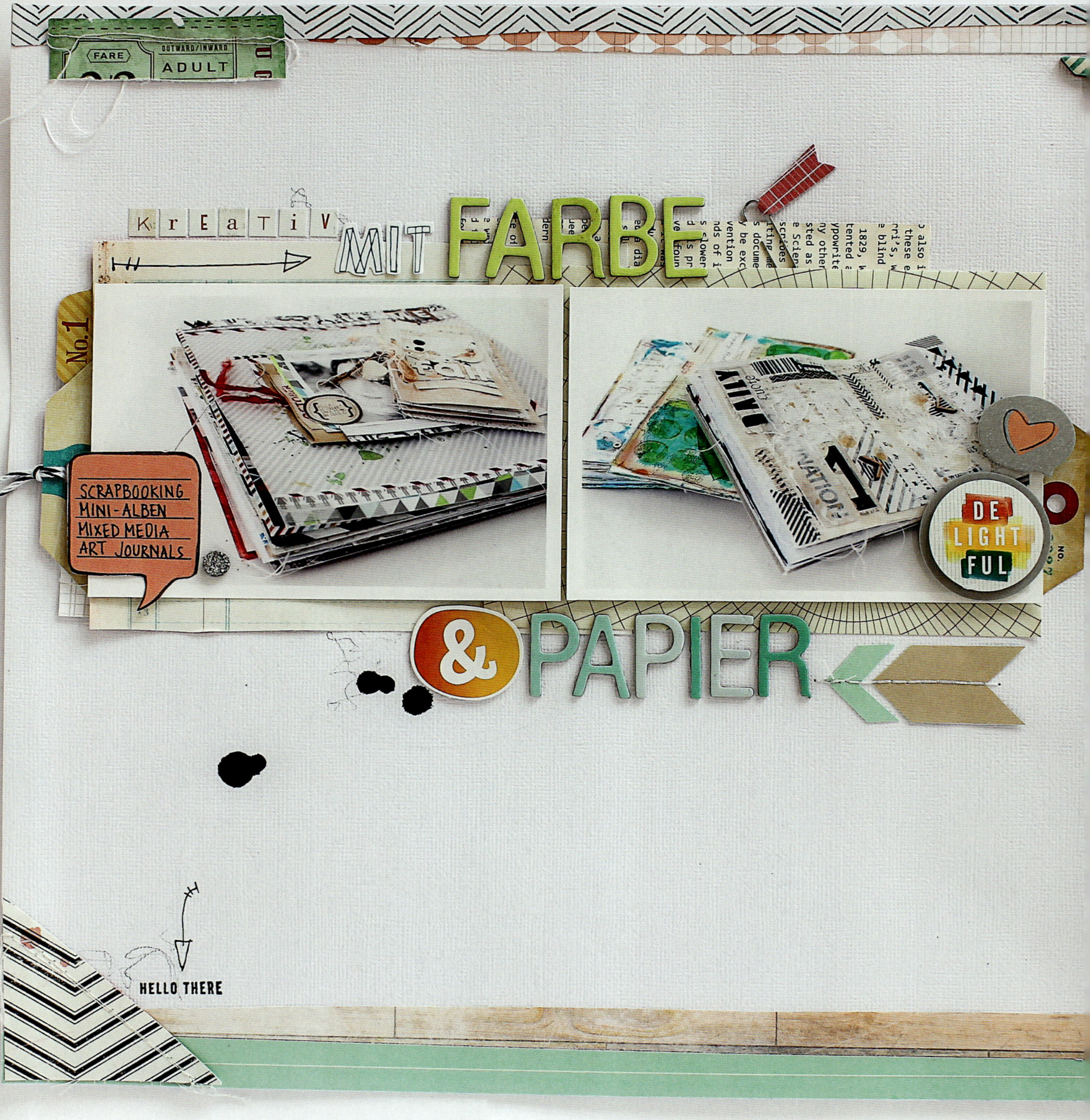
FARE
OUTWARD/INWARD
ADULT
KrEaTiV
MIT FARBE
No.1
SCRAPBOOKING
MINI-ALBEN
MIXED MEDIA
ART JOURNALS
DE LIGHT FUL
& PAPIER
HELLO THERE

Con color y papel

Porque el color expande alegría

Las páginas de scrapbook son perfectas para conservar esos preciosos momentos con los amigos y la familia, aunque también es genial "escrapear" con las mascotas y las aficiones. En esta composición se utiliza una cartulina blanca de fondo, sobre la que se han montando el resto de las capas.

Primero imprimir dos fotografías con un tamaño de 9 cm de alto y 13 cm de ancho. Posicionar las fotografías una al lado de otra, en la mitad superior del papel, pero sin pegarlas todavía. Así sirven como medida para los siguientes elementos y no es necesario volver a medir.

Elegir papeles y adornos que combinen con los colores de las fotografías. En esta composición se ha trabajado con pegatinas, troquelados, alfabeto adhesivo, hilo y piezas de madera y de metal.

Cortar tiras finas de 1-2 cm de papel con dibujo y fijarlas en los bordes superior e inferior de la cartulina. Los papeles cortados a mano proporcionan a la página un carácter artesanal y desenfadado, pues en la mayoría de los casos quedan irregulares. En este caso se cortan algunas tiras torcidas a propósito.

A continuación, vestir el área central de la página del scrapbook. Cortar más papeles rectos y colocarlos debajo de las fotografías. Después insertar pequeños elementos como etiquetas o pegatinas entre las capas de papel, de manera que queden parcialmente visibles.

Ya tenemos lista la estructura base y podemos pasar a la decoración y el diseño del título. El título se compone de letras con diferente tipografía y tamaño. La utilización de distintas tipografías diversifica el título y le da un aspecto más ligero. La página se resalta con un toque especial mediante pegatinas, dibujos estampados con sellos, salpicados de color y elementos cosidos, o con recortes de triángulos de papel a rayas, como se aprecia en el borde inferior izquierdo.

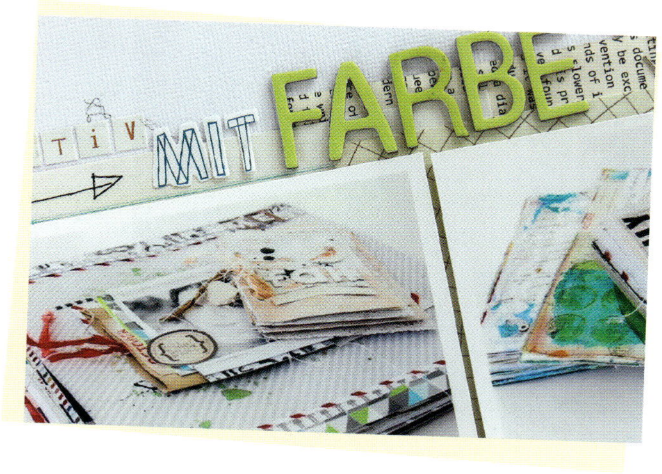

Se redondea la página con varias palabras escritas a mano y dibujos, como flechas o líneas dibujadas a lápiz, que destacan las diferentes secciones de la composición.

Materiales
- Cartulina
- Papel con dibujo
- Alfabeto adhesivo, pegatinas
- Purpurina
- Colgantes para regalo con agujero
- Elementos de madera
- Clip
- Troquelados
- Pintura en spray, pegamento, tijeras
- Puntos adhesivos en 3D
- Hilo
- Lápiz, rotulador
- Fotografías

1981

Porque todos fuimos niños alguna vez

Esta sencillísima página de scrapbook oculta espacios secretos realizados con journaling. Al principio solo se aprecia el texto colocado a la izquierda de la fotografía, pero si se levanta esta, se descubren nuevos datos. Al tirar del hilo que cuelga en el lado izquierdo, aparece un tercer *spot* de journaling, que contiene una pequeña anécdota.

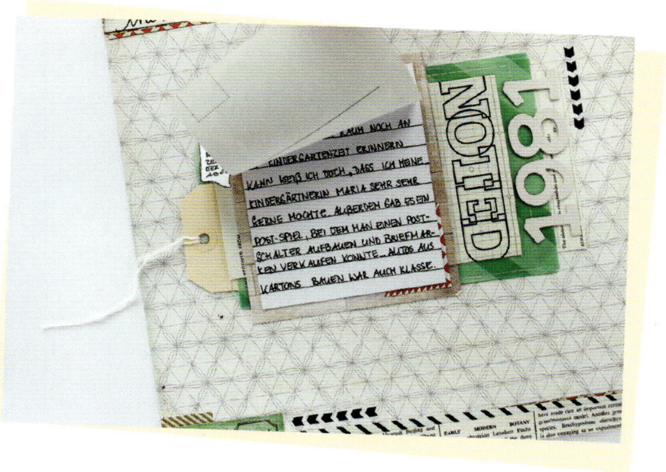

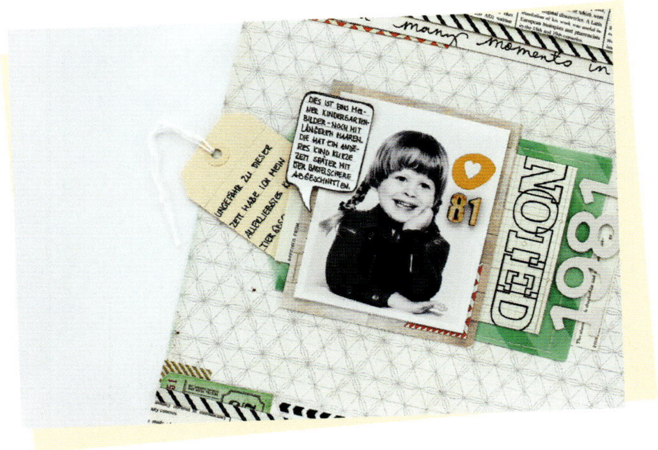

En primer lugar colocar tiras de papel con dibujo de diferente anchura sobre el papel del fondo, en los bordes superior e inferior. El borde superior mide unos 5 cm y el inferior 2,5 cm. No pegar las tiras superpuestas completamente, para poder levantar los bordes. Esto proporciona profundidad y movimiento a la página. Pegar en el borde derecho de la página media etiqueta, previamente cosida y estampada con un sello. Para obtener el equilibrio adecuado en el área inferior, es ideal un recorte verde turquesa, realzado con las flechas estampadas con un sello. La utilización de los mismos papeles y Masking Tape en las áreas superior e inferior complementa las dos secciones de la composición, formando un marco conjunto.

Pegar en el centro del papel, en transversal, una bolsa de 19 cm de alto y 12,5 cm de ancho de papel pergamino, de modo que se abra por la izquierda. Después disponer encima otros papeles en vertical u horizontal. Pegar la fotografía sobre una cartulina blanca, previamente rotulada con un texto. Aplicar pegamento en la parte superior de la fotografía, permitiendo que el texto quede visible al levantar la fotografía. La etiqueta escondida dentro de la bolsita se rellena con un texto y se adorna con una cinta, para que sea más fácil extraerla. Es muy práctico dibujar líneas con un lápiz o un rotulador negro para conseguir una caligrafía recta.

Por último, se fija el título a la derecha de la fotografía y se estampan las flechas con el sello. Las flechas realzan determinados elementos y atraen la mirada del observador.

Materiales

- Cartulina
- Papel con dibujo
- Scraps
- Alfabeto adhesivo
- Pegatinas, etiqueta
- Sello de estampar, tinta
- Troquelado
- Bolsita de papel pergamino
- Hilo
- Elementos de madera
- Masking Tape
- Fotografía
- Tijeras, pegamento
- Máquina de coser, hilo
- Lápiz, rotulador, regla

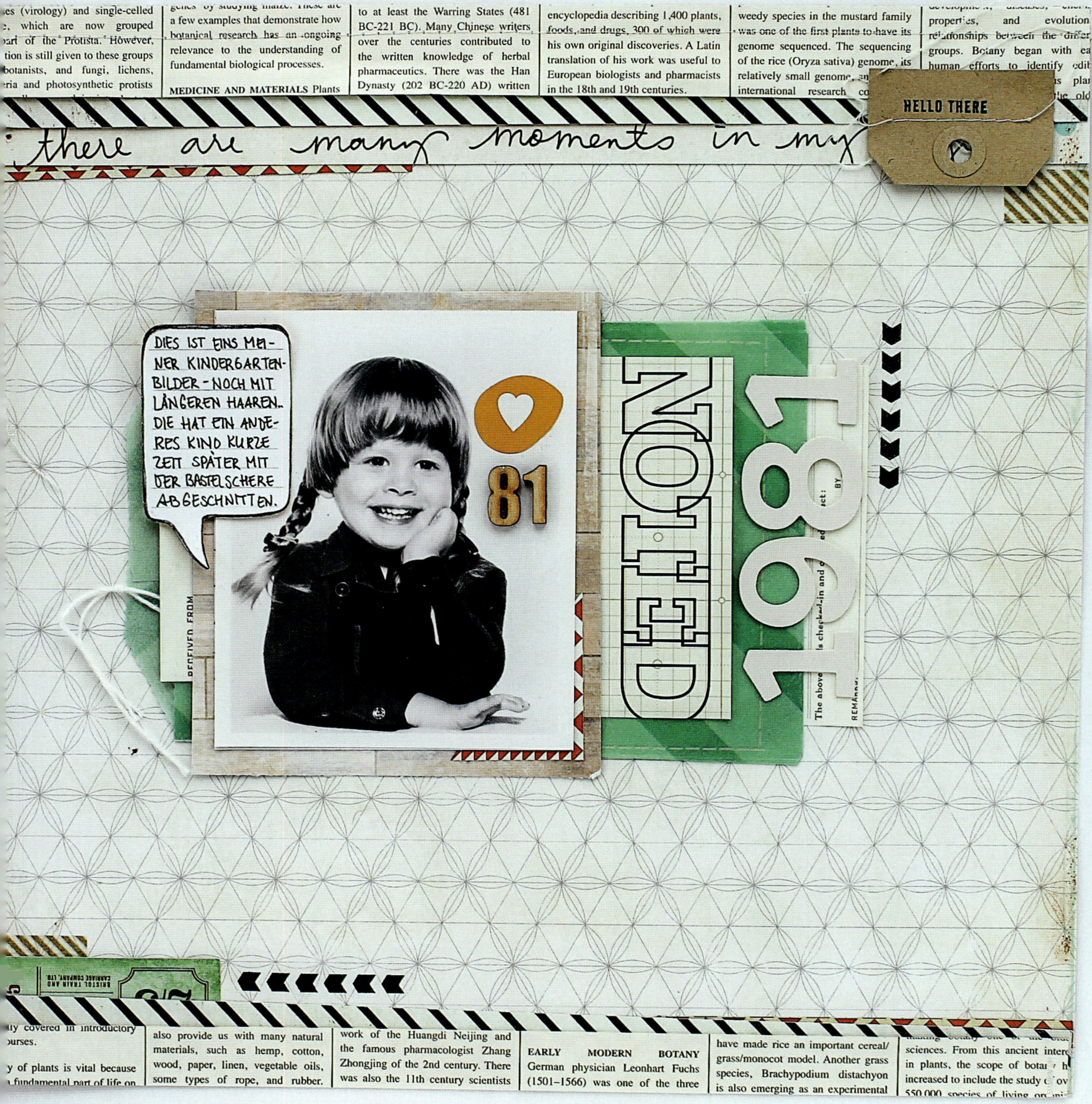
there are many moments in my
HELLO THERE
DIES IST EINS MEINER KINDERGARTENBILDER - NOCH MIT LÄNGEREN HAAREN. DIE HAT EIN ANDERES KIND KURZE ZEIT SPÄTER MIT DER BASTELSCHERE ABGESCHNITTEN.
81
NOTED
1981

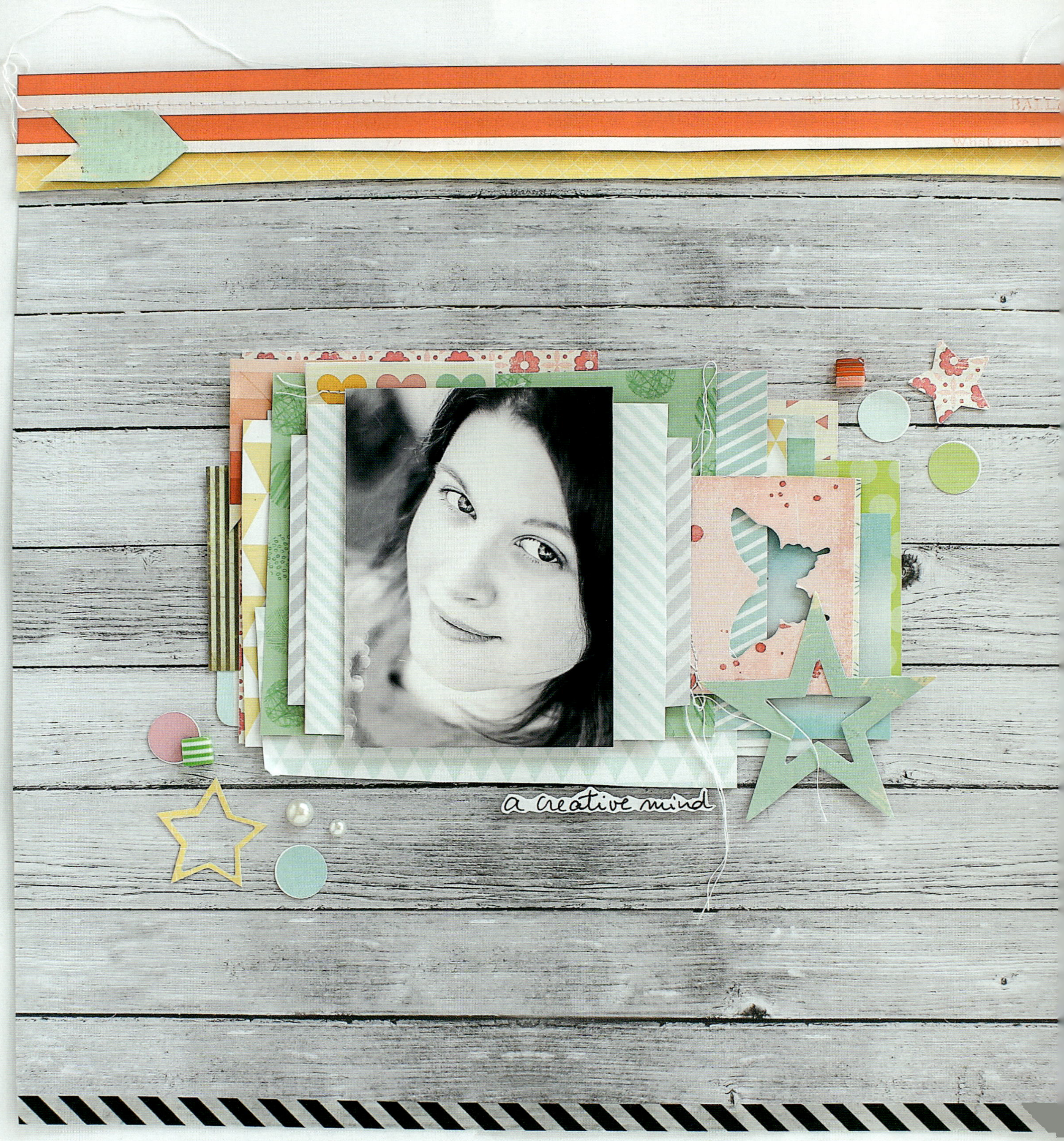
a creative mind

Una mente creativa

Porque ser creativo es divertido

No siempre se necesitan muchas palabras para trasladar el mensaje de una composición. Las páginas sencillas pueden conservar una fotografía con una decoración muy efectiva.

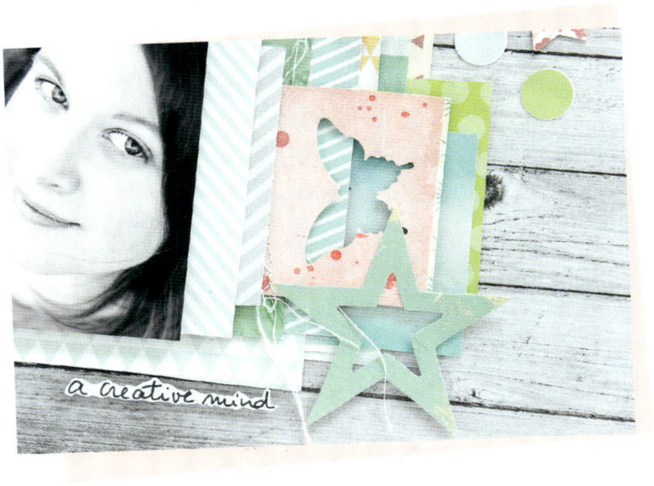

Mediante la utilización de un papel base de color neutro, se resaltan los elementos de color. En este caso, para crear un fondo interesante se utiliza un papel gris con imitación madera.

Primero fijar dos tiras de papel con dibujo en el borde superior. Las dos tiras juntas miden unos 3,5 cm de ancho. Coser a máquina una costura decorativa en la tira de papel que queda arriba. Como contrapeso, fijar en el lado inferior de la composición una tira de Masking Tape con un color o un diseño de fuerte contraste.

El foco de atención lo forma la sección de capas superpuestas del centro de la página. La fotografía sirve como medida para las piezas colocadas debajo. La fotografía mide 10 cm de alto y 7 cm de ancho. Para reforzar el contraste con el fondo, se ha renunciado a un borde blanco alrededor de la fotografía. Una fotografía en blanco y negro destaca especialmente sobre una página multicolor, además no compite con los colores de la composición.

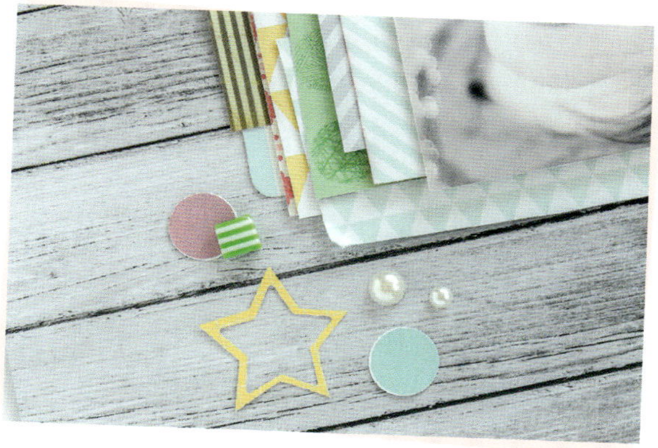

Los papeles se disponen debajo de la fotografía tanto en horizontal como en vertical para obtener una composición más dinámica. Algunos papeles contienen costuras decorativas realizadas a máquina. El hilo se deja colgando y sobresale por debajo de la fotografía. Formas troqueladas como círculos, flechas, mariposas y estrellas sirven como decoración. También se pueden reutilizar los restos de las piezas troqueladas, como en este caso el de la mariposa.

El título de la página del scrapbook se realiza a mano. Escribir con un rotulador negro el texto "a creative mind" en una cartulina blanca y recortarlo. Después fijar el título con puntos adhesivos en 3D debajo de la fotografía.

Materiales
- Cartulina
- Papel con dibujo
- Adhesivos
- Troquelados
- Cuentas semiesféricas (perlas)
- Troqueladora
- Tijeras
- Pegamento
- Fotografía
- Puntos adhesivos en 3D
- Máquina de coser
- Hilo
- Masking Tape

Fabricación de velas

Porque todo se puede utilizar para "escrapear"

Hoy en día tomar fotografías es muy fácil y rápido gracias a la moderna tecnología. En esta composición se han utilizado fotografías realizadas en una fábrica de velas con un teléfono móvil.

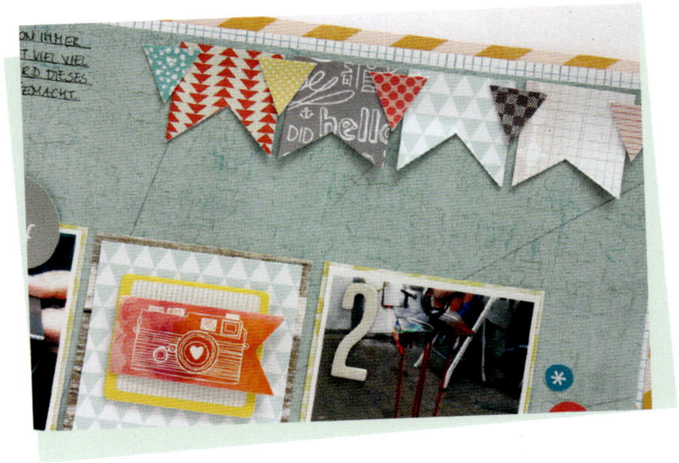

El fondo de la composición consta de varias capas de papel y adornos. Elegir primero un papel de scrapbooking de 30,5 x 30,5 cm para el fondo. Pegar encima otro papel con unas medidas aproximadas de 29,5 x 29,5 cm. Por último, fijar en la mitad inferior otro papel con un tamaño de 30,5 cm de ancho y 14 cm de alto. Los dibujos deben ser variados y los colores complementarse para obtener una visión de conjunto armónica. Luego, fijar encima el papel verde turquesa que constituye en realidad el fondo e insertar 2-3 etiquetas o adornos por debajo de los bordes laterales.

Dibujar con lápiz sobre el papel verde turquesa un diseño de rayos de sol empleando una plantilla. También puede dibujarse a color, pero en este caso, puesto que el área de las fotografías presenta mucho colorido, se ha renunciado a aplicar color en los rayos.

Para la parte central se necesitan tres fotografías de 6 x 6 cm. Estas se pegan previamente sobre trozos de papel un poco más grandes y del mismo color. Luego recortar tres cuadrados de papel con diferentes estampados y pegarlos igualmente sobre papel. Los seis cuadrados presentan al final el mismo tamaño. Fijar los cuadrados en el centro, dejando la misma distancia entre los elementos. Cada fotografía se numera con números adhesivos y el resto de los cuadrados se embellece con pegatinas. Redondear este área de la composición con un par de pegatinas y botones en los laterales de la parte central.

Pegar en el borde superior una guirnalda. Para ello, recortar a mano pequeños triángulos y banderines y pegarlos. Se puede añadir también una costura decorativa.

El journaling se aplica en el borde superior del papel color verde turquesa y el título se rotula debajo de la parte central. Una tira de Masking Tape en el borde inferior de la composición completa la visión de conjunto.

Materiales

- Papel con dibujo
- Alfabeto adhesivo
- Pegatinas
- Plantilla con rayos
- Botones
- Etiqueta
- Masking Tape
- Tijeras
- Elementos de madera
- Pegamento
- Fotografías
- Lápiz, rotulador
- Regla

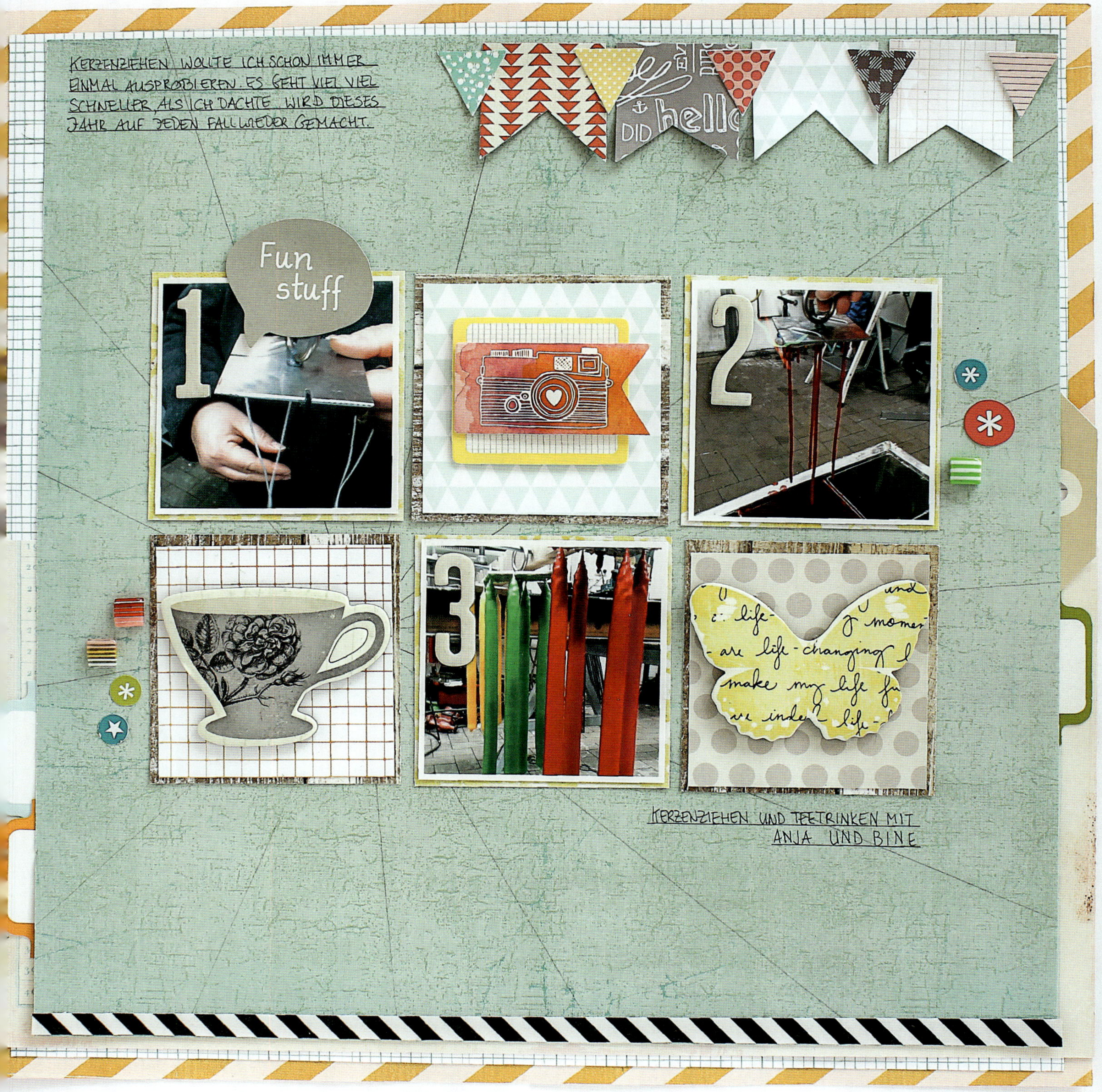
KERZENZIEHEN WOLLTE ICH SCHON IMMER EINMAL AUSPROBIEREN. ES GEHT VIEL VIEL SCHNELLER, ALS ICH DACHTE. WIRD DIESES JAHR AUF JEDEN FALL WIEDER GEMACHT.
hello
Fun stuff
1
2
3
KERZENZIEHEN UND TEETRINKEN MIT ANJA UND BINE

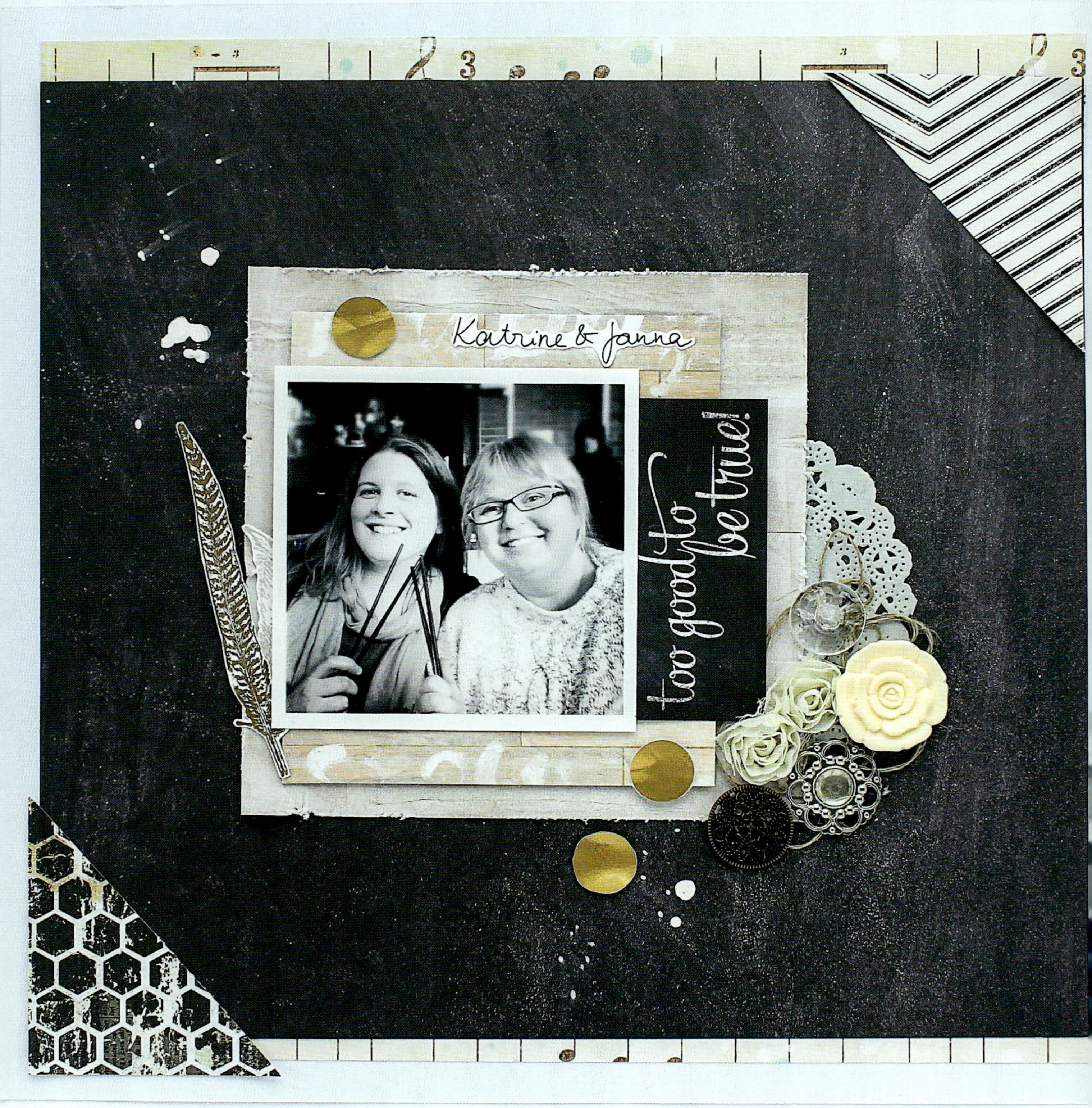
Katrine & Janna
too good to be true

Katrine y Janna

Porque todo es más bonito compartido con amigos

Las composiciones quedan bonitas con colores vivos, pero también con colores neutros como el beige, blanco, negro. Esta gama cromática es elegante para enmarcar fotografías apacibles.

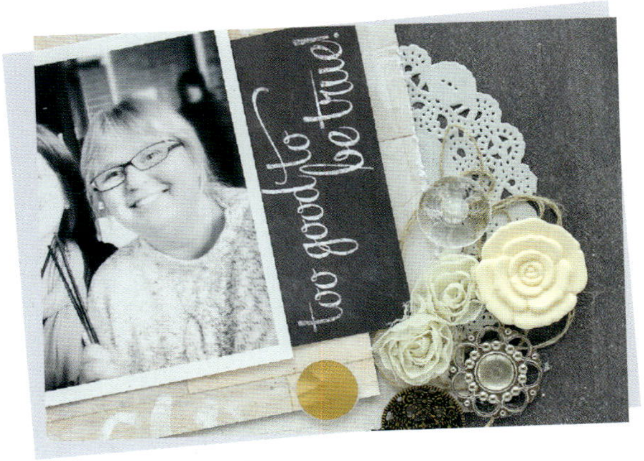

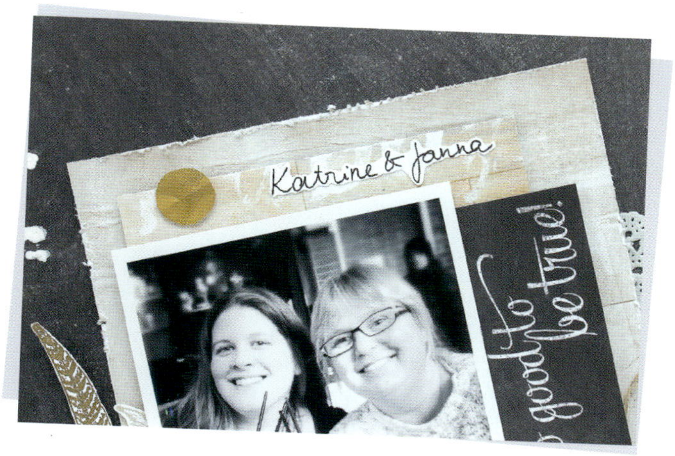

Una cartulina blanca sirve como base. Fijar encima un papel de color crema y con un estampado no llamativo, dejando una distancia de 1 cm de todos los lados de la cartulina base. Pegar encima un papel más oscuro. En este proyecto se ha elegido un papel negro que simula la superficie de una pizarra. El color negro se suaviza mediante las marcas esbozadas de tiza y proporciona textura. Embellecer la esquina derecha superior y la esquina izquierda inferior con triángulos recortados a mano, que simulen cantoneras para fotografías, como las que suelen incluir los álbumes antiguos.

La fotografía de 10 x 10 cm no va pegada en el centro, sino ligeramente desplazada hacia la izquierda. Para resaltar la fotografía, se colocan papeles claros por detrás. Los dos papeles imitan la madera, realzando el aspecto natural de tonos neutros de la página del scrapbook. Se puede también raspar el borde de los papeles con unas tijeras.

A la izquierda de la fotografía, fijar una pluma estampada en cartulina blanca y recortada previamente. El tamaño irregular de la pluma aporta ligereza a esta parte de la composición. Decorar el lado derecho de la fotografía con papel con filigranas, hilo y flores. Este cluster resulta muy interesante por el uso de diferentes materiales como tela, plástico y metal. Se recomienda pegar estos elementos con pegamento caliente.

Escribir el título con un rotulador sobre papel blanco y recortarlo. Salpicar algunas gotas de pintura blanca sobre la composición. Otra alternativa es pintar las gotas con un rotulador blanco o estamparlas con un sello. Para terminar, añadir a la composición tres círculos dorados, recortados en papel transparente.

Materiales

- Cartulina
- Papel con dibujo
- Papel con filigranas
- Botones
- Flores decorativas
- Tachuela
- Hilo
- Papel transparente con puntos dorados
- Sello de estampar
- Tinta
- Etiqueta
- Fotografía
- Pegamento caliente
- Tijeras

Gracias por las flores

Porque los pequeños momentos son igual de importantes

En las páginas del scrapbook se pueden realizar fantásticas superposiciones de papeles y adornos. Con ello se crea un efecto muy expresivo y rico en contrastes, que proporciona a la página una mayor profundidad.

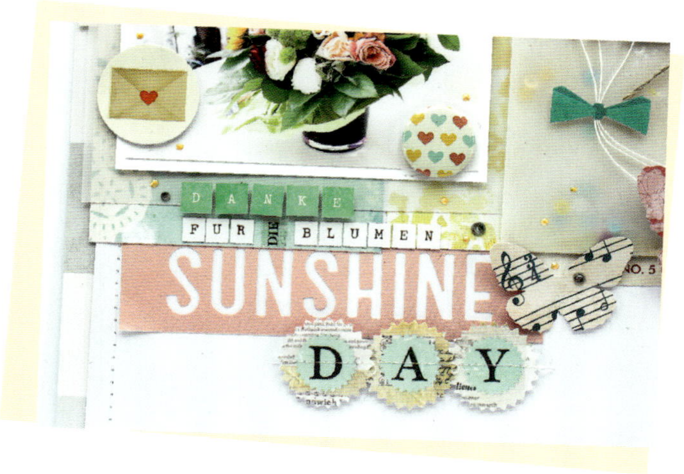

Primero se recorta una cartulina blanca con un tamaño de 29 x 29 cm, para el fondo de la composición. Añadir en el contorno una costura decorativa a máquina o a mano. Después fijar la cartulina blanca sobre un papel con un estampado sobrio.

Colocar la fotografía y los adornos en el área central de la página del scrapbook, pero antes recortar un par de papeles estampados de diferentes tamaños y pegarlos en la parte central. Superponer encima las diferentes capas de adornos.

Fijar la fotografía con puntos adhesivos en 3D en el lado izquierdo y luego embellecer con la pegatina, el clip de corazón y la insignia con corazones. Añadir el título de la composición debajo de la fotografía, mezclando letras de diferentes tipografías y colores. Pegar algunas de las letras sobre puntos adhesivos en 3D para dar más profundidad a la página del scrapbook.

Fijar a la derecha de la fotografía la bolsita con las lentejuelas y la etiqueta con la pinza con purpurina. El hilo enfilado en el agujero de la etiqueta distiende la composición. En el paso siguiente, embellecer la bolsita de lentejuelas y la etiqueta pegando globos, corazones y mariposas. Coser a máquina por el centro los corazones superpuestos. La costura decorativa es un detalle interesante y aporta textura a la página.

Para interconectar las diferentes piezas de la composición y las partes derecha e izquierda, colocar los adornos superpuestos parcialmente solapados. Por ejemplo, la mariposa clara cubre una parte tanto del título como de la bolsita de lentejuelas; y la mariposa rosa hace lo mismo con la bolsita, la etiqueta y los corazones.

La bolsita de lentejuelas se puede realizar de forma artesanal: plegar un sobre con papel de pergamino, rellenarlo con lentejuelas o confeti y luego pegar el sobre. Crea un efecto precioso en una composición y también en mini álbumes.

Materiales
- Cartulina
- Papel con dibujo
- Scraps
- Alfabeto adhesivo
- Pegatina, etiqueta
- Clip, insignia
- Sello de estampar, tinta
- Troquelados
- Bolsita de papel transparente
- Lentejuelas, hilo
- Pinza de madera
- Masking Tape
- Fotografía
- Tijeras, pegamento
- Máquina de coser, hilo
- Lápiz, rotulador, regla

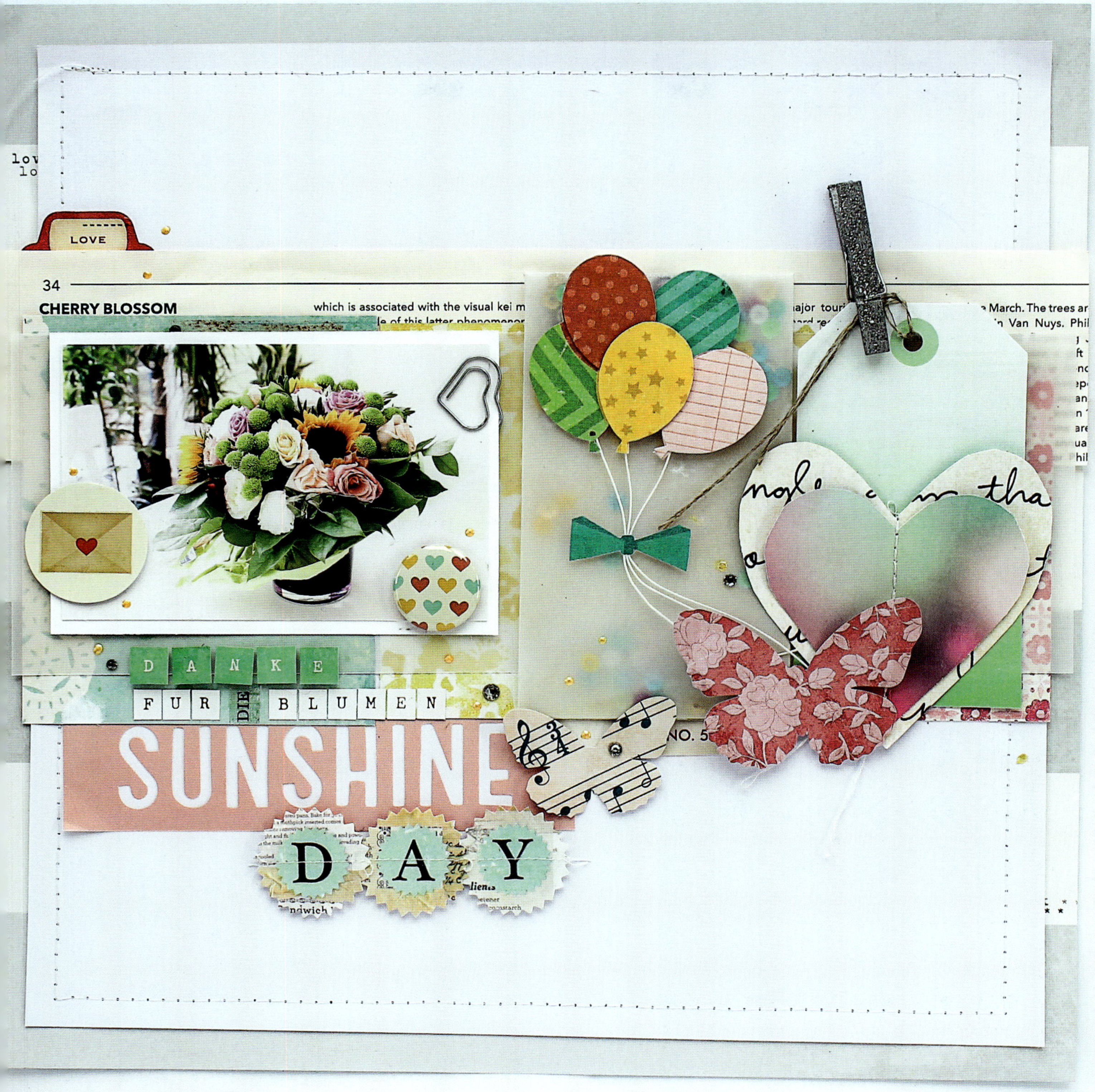

LOVE
34
CHERRY BLOSSOM
which is associated with the visual kei m
March. The trees ar
Van Nuys. Phil
DANKE
FUR DIE BLUMEN
SUNSHINE
NO. 5
DAY

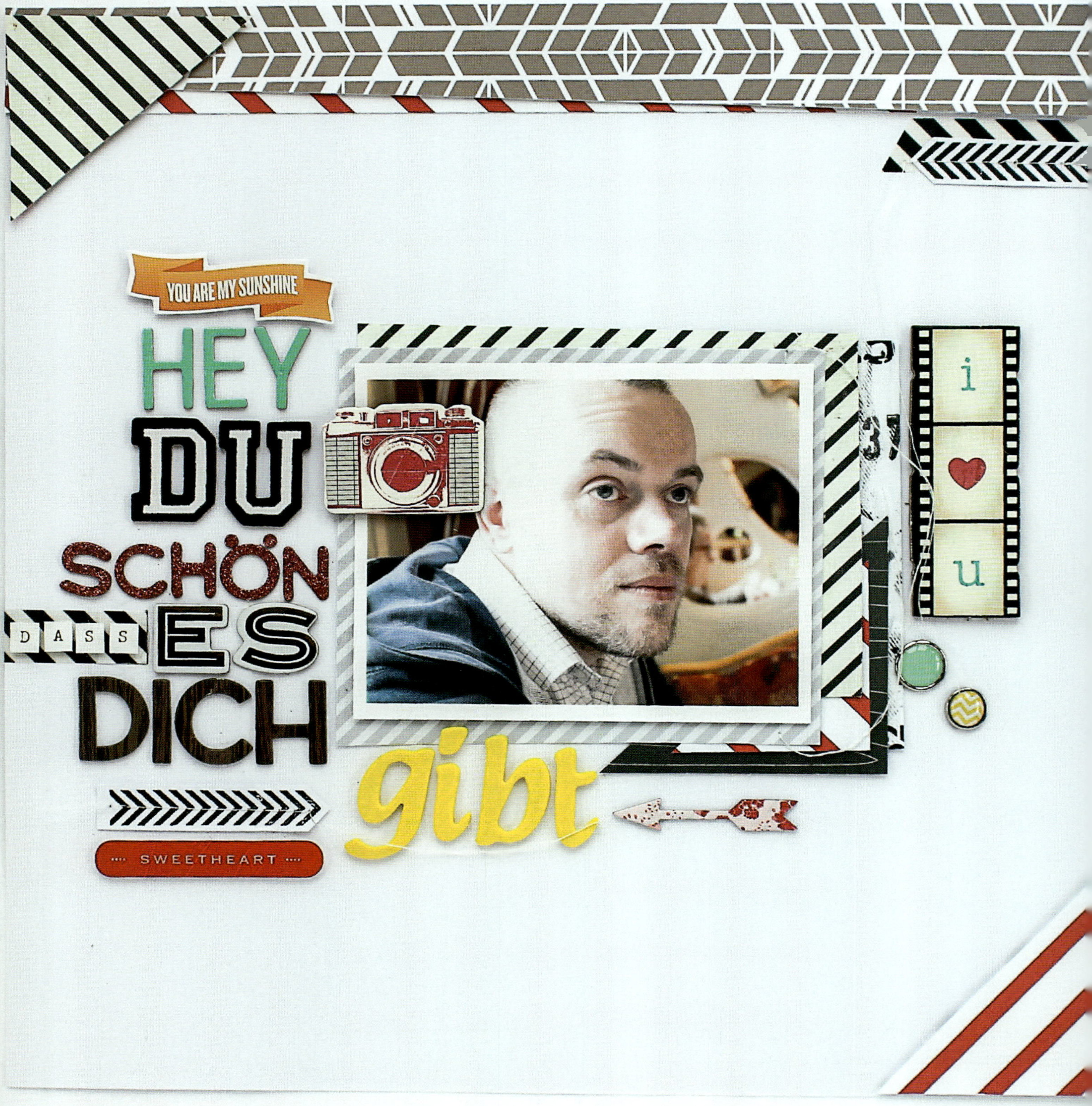
YOU ARE MY SUNSHINE
HEY
DU
SCHÖN
DASS
ES
DICH
gibt
SWEETHEART
i
u

Hola

Porque a veces no bastan las palabras

El diseño del título en una composición se puede realizar de modos diferentes. Una variante es la aplicación de letras de gran formato. Se mezclan letras con distintas tipografías y colores, creando en la página un interesante foco de atención.

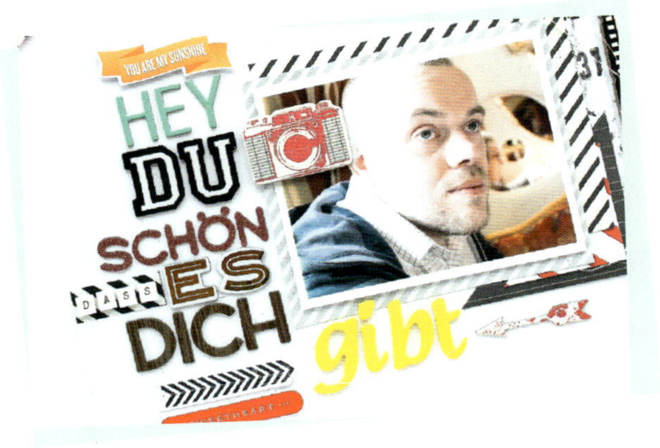

Decorar el borde superior de una cartulina blanca con dos tiras de papel con dibujo. Las dos tiras juntas miden unos 3 cm de ancho. Cortar en oblicuo la tira superior, de modo que la tira inferior quede cubierta parcialmente. Fijar Masking Tape debajo de la tira de papel, en la esquina superior derecha. Coser una flecha con la máquina de coser sobre la tira de Masking Tape. La flecha se estampa primero en una cartulina y luego se recorta. Frente a la estampación directa sobre el papel, esta variante proporciona mayor profundidad y textura a la composición. La flecha se repite después en el lado inferior izquierdo.

Fijar un triángulo de papel en la esquina superior izquierda y otro en la esquina inferior derecha. En este caso se pegan con puntos adhesivos en 3D para crear más dimensión en la página. Dado que las letras del título presentan diferentes alturas, conviene realzar otras áreas para equilibrar la composición.

Colocar en el centro una fotografía de 10 cm de alto y 13 cm de ancho, reforzada por detrás con un papel con dibujo. Embellecer algunos papeles con costuras decorativas, dejando que el hilo sobresalga por debajo de la fotografía.

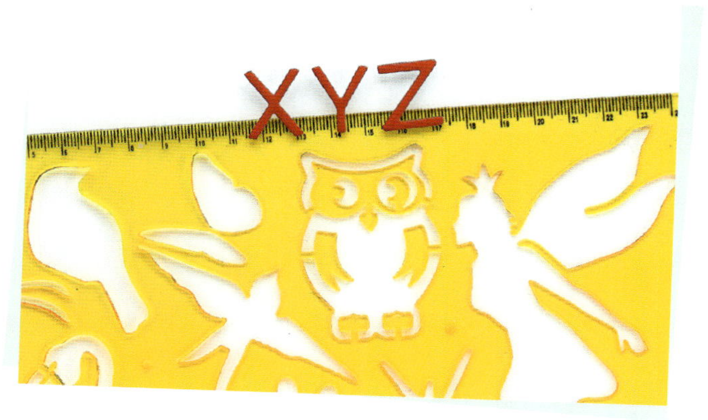

Después fijar el título a la izquierda de la fotografía. Seleccionar letras de diferentes tipografías, colores y material. Utilizar por ejemplo letras lisas y rugosas, letras de tela o de gomaespuma.

Para evitar que el área del título no pese demasiado en la composición y desequilibre la página, colocar en el otro lado de la fotografía un objeto compacto, como en este caso la pegatina de un pequeño tablero rico en contrastes.

Materiales
- Cartulina
- Papel con dibujo
- Papel de scrapbooking con diseño a color
- Alfabeto adhesivo
- Pegatinas
- Sello de estampar
- Tinta
- Tachuelas
- Masking Tape
- Fotografía
- Tijeras
- Máquina de coser
- Hilo
- Pegamento

Una historia verdadera

Porque no hay nada tan hermoso como una puesta de sol

¿Qué cosa hay más bella que esos pequeños instantes que iluminan el día a día? Fotografías de momentos como esta puesta de sol sobre el mar, proporcionan motivos maravillosos para una composición.

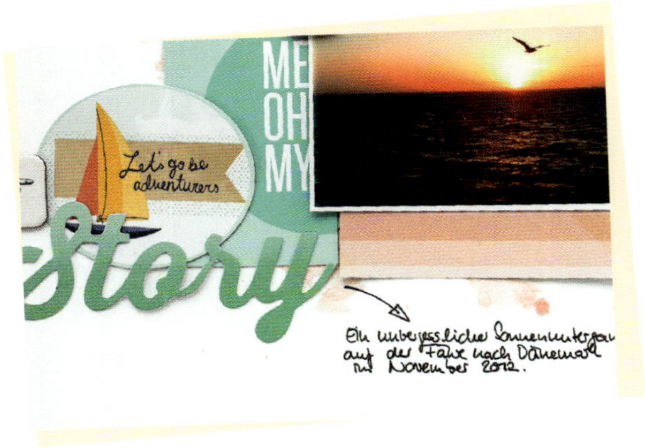

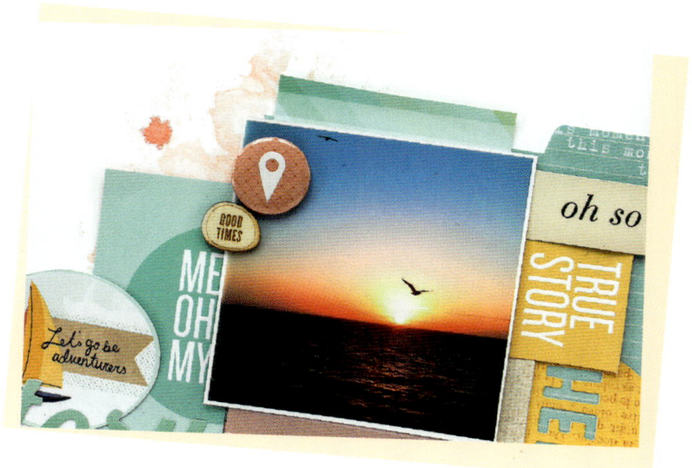

La composición de la página se basa en el colorido de la fotografía, pero variando ligeramente los matices cromáticos. También se incluye un círculo en los papeles y adornos, representando el sol que se pone.

Recortar una cartulina blanca de unos 28 x 28 cm y raspar los bordes con las tijeras, desgarrando un poco la cartulina en algunos puntos. Luego colocar la cartulina ligeramente inclinada sobre el papel con dibujo del fondo y curvar los bordes un poco hacia arriba.

Aplicar el color en el centro de la cartulina blanca con una lámina de plástico y realzar salpicando el papel con un pincel cargado con el mismo color. Para evitar que la cartulina se abombe –lo que puede ocurrir al secar la pintura con el secador de gofrado–, es preferible dejar que el papel se seque al aire libre.

Una vez seco el color, trabajar el área alrededor de la fotografía, alternando elementos circulares y rectangulares. La distancia de la parte central a los lados derecho e izquierdo de la cartulina blanca es más o menos parecida, y esto proporciona a la página una apariencia armónica.

Para conseguir más profundidad en la composición de tonos pastel, se han añadido textos en negro, colocados en un triángulo imaginario: arriba a la izquierda, a la derecha de la fotografía y debajo de la misma.

La flecha dibujada a mano resalta el journaling y realza el espacio vacío entre la palabra “story”, el papel debajo de la fotografía y el journaling. Sin esta flecha, la frase quedaría flotando en el aire y no como un elemento integrado.

Materiales
- Cartulina
- Papel con dibujo
- Etiquetas
- Troquelados
- Insignia
- Elemento de madera
- Pintura en spray
- Fotografía
- Pegamento
- Tijeras
- Máquina de coser
- Lámina de plástico
- Bolígrafo negro

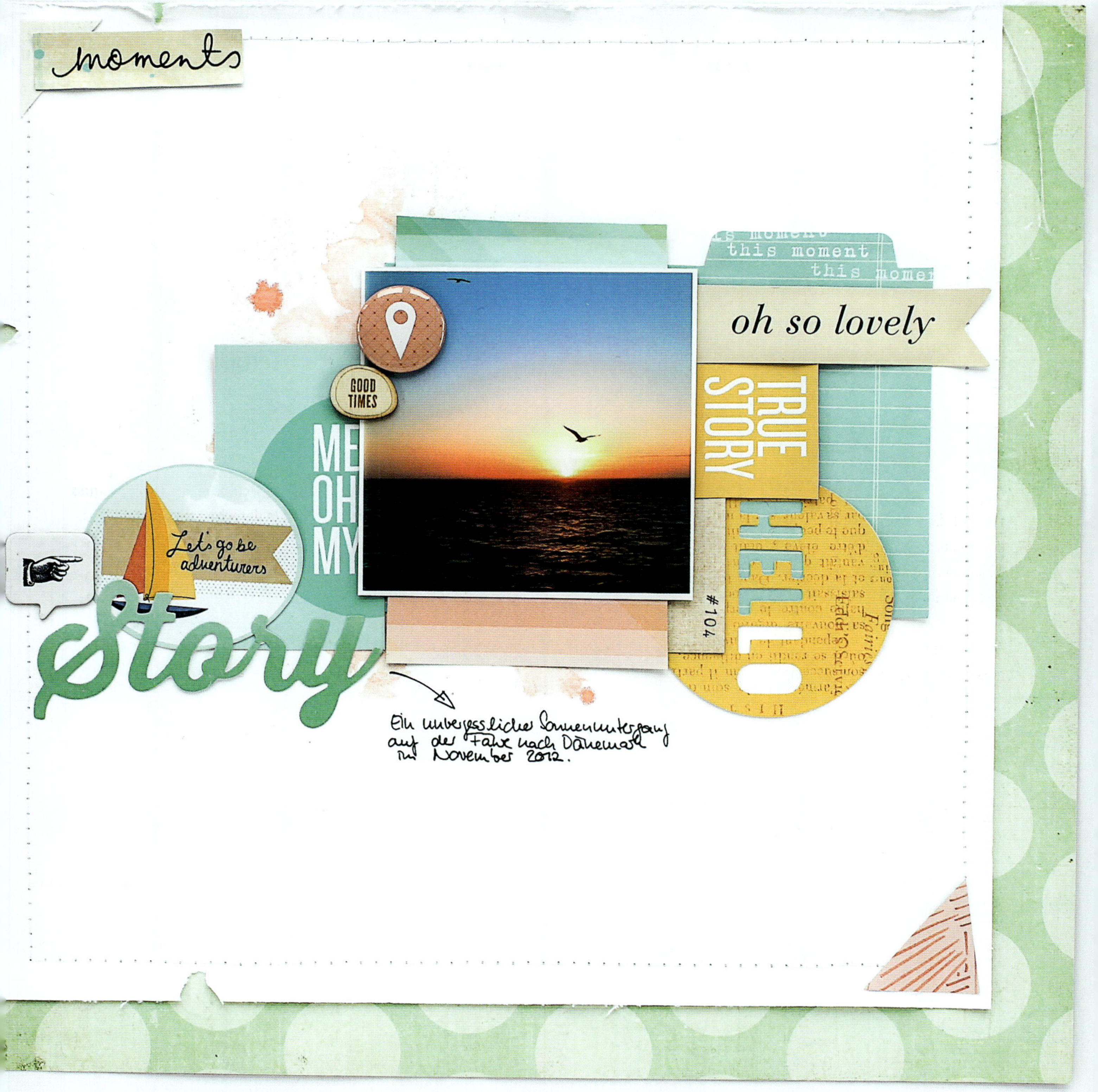

moments
this moment
this moment
oh so lovely
GOOD TIMES
ME OH MY
TRUE STORY
HELLO
#104
Let's go be adventurers
Story
Ein unvergesslicher Sonnenuntergang
auf der Fahrt nach Dänemark
im November 2012.

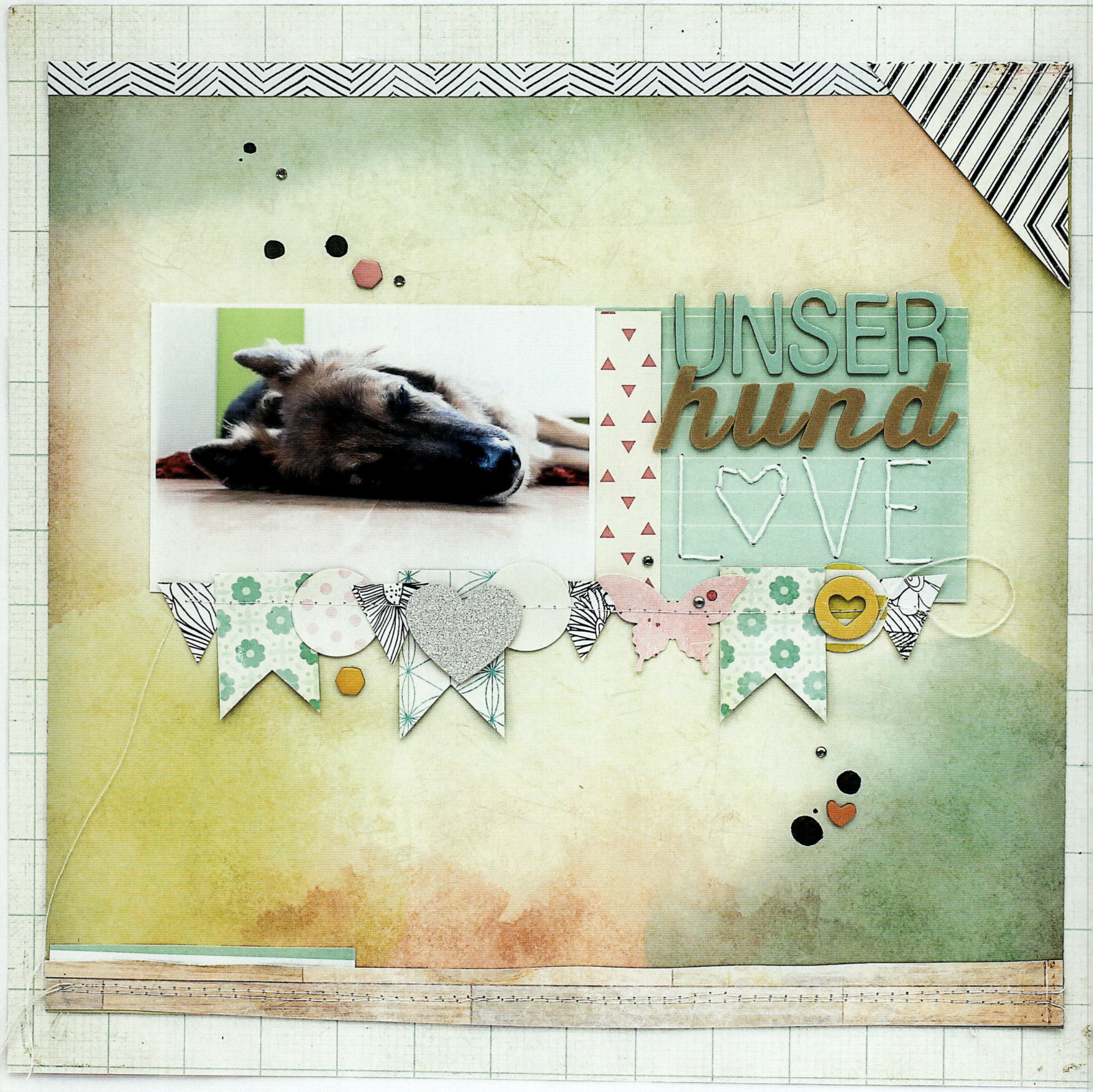
UNSER
hund
LOVE

Nuestro perro

Porque sin animales la vida sería muy aburrida

Las mascotas son motivos fotográficos encantadores, perfectas para realizar scrapbooking.

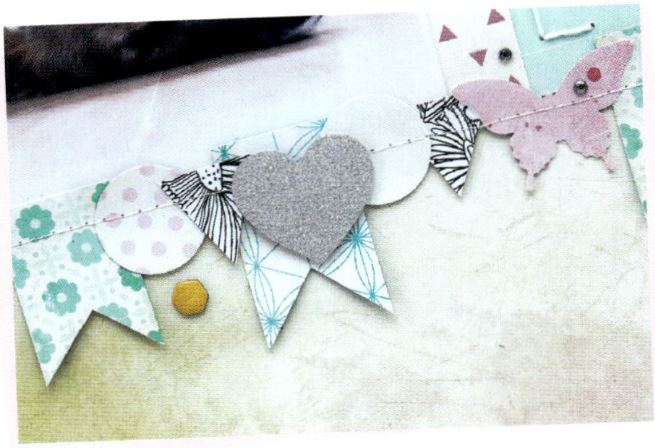

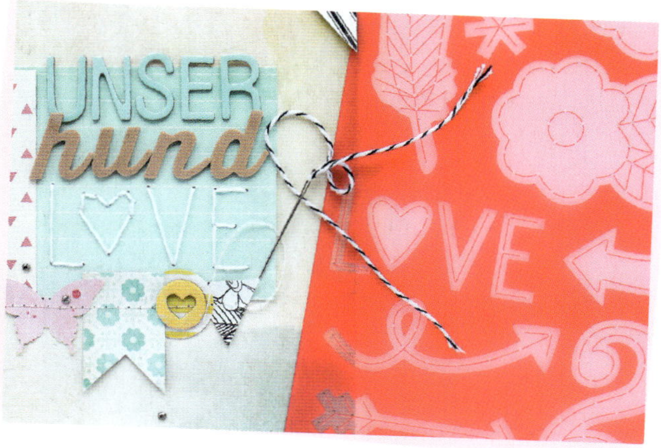

Utilizar para el fondo un papel claro con un estampado sobrio y pegar encima un papel multicolor algo más pequeño. El papel que se ha empleado aquí está teñido. Este efecto se realiza rápidamente con un spray o acuarelas.

Revestir los bordes superior e inferior del papel multicolor con tiras de papel de diferente anchura y longitud, y adornar con una costura decorativa. Fijar un triángulo en la esquina superior derecha, a modo de cantonera.

Para no cubrir el diseño de acuarela del papel, fijar en el centro de la página del scrapbook solo un par de papeles y adornos. Los papeles miden casi lo mismo que la fotografía colocada en la mitad izquierda de la composición, es decir, 9 cm de alto y 13 cm de ancho. Emplazar el título a la derecha de la fotografía. Bordar antes uno de los papeles, bien libremente o mediante una plantilla de costura. Completar el título con un alfabeto adhesivo.

La guirnalda se realiza rápidamente: troquelar o recortar distintas formas con la troqueladora o unas tijeras para contornos, como por ejemplo mariposas, triángulos, banderines o círculos. Disponer unos junto a otros, de modo que los elementos se solapen un poco entre sí. Fijar con algo de pegamento las zonas donde las piezas quedan superpuestas. De este modo es más fácil pasar luego la guirnalda por la máquina de coser. Después, colocar la guirnalda debajo de la fotografía.

Recortar un corazón de una lámina de purpurina y fijarlo sobre la guirnalda con puntos adhesivos en 3D. Pegar varias piedras brillantes en diagonal sobre la página. Para terminar, añadir algunas manchas de color y pegatinas con corazón.

Materiales

- Papel con dibujo
- Alfabeto adhesivo
- Pintura en spray
- Hilo
- Plantilla de costura
- Pegatinas
- Lámina de purpurina
- Piedras brillantes
- Troqueladora
- Fotografía
- Tijeras
- Pegamento
- Máquina de coser
- Hilo
- Puntos adhesivos en 3D

Mira a la cámara

Porque alguna vez hay que estar en el punto de mira

Por lo general, los aficionados a la fotografía suelen aparecer raramente como modelos. Por ello los autorretratos son una posibilidad fantástica para enmarcarse con el hobby.

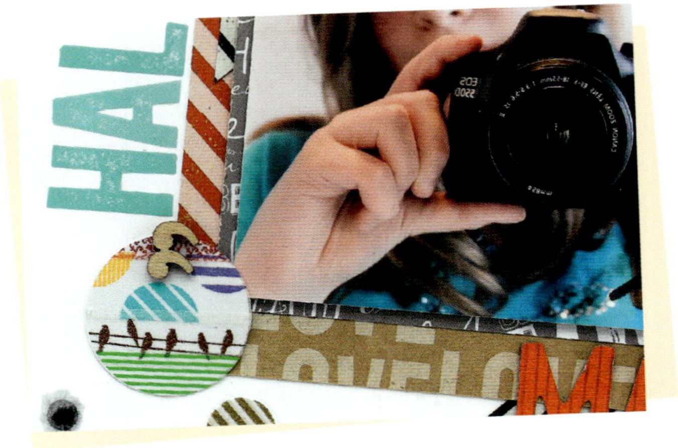

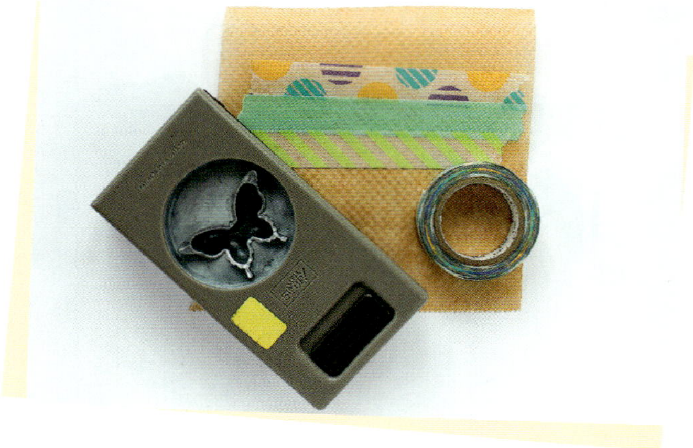

Las cintas Masking Tape, o Washing Tape, se utilizan de diferentes modos. Se pueden fijar en el borde superior de una página de scrapbook en forma de tira o de triángulo, como se ve en esta página. También es posible realizar con ellas adornos propios. Solo se necesitan un par de Masking Tape diferentes, una perforadora o unas tijeras.

Pegar las Masking Tape sobre un trozo de papel para hornear, colocando las distintas tiras un poco solapadas, como se ve en la fotografía de la derecha. Después troquelar formas en el papel de hornear. Se recomienda colocar un papel fuerte debajo, pues de lo contrario el papel para hornear se desgarra. Si no se dispone de ninguna perforadora, recortar las formas con las tijeras libremente. Las tijeras para contornos, dependiendo del dibujo, consiguen crear efectos muy interesantes. Desprender la pegatina de Masking Tape del papel para hornear y pegarla en el sitio elegido. Como muchas Masking Tape son transparentes, conviene pegar las formas troqueladas sobre cartulina blanca. De este modo los colores y dibujos resaltan más. Para esta composición se han troquelado círculos de diferentes tamaños de papel para hornear revestido con Masking Tape. Algunos círculos se han pegado sobre cartulina blanca y luego se han distribuido en un triángulo imaginario en la parte central de la página de scrapbook.

Como algunas de las letras e insignias sobresalen de la página, se fija la fotografía con puntos adhesivos en 3D. Los papeles colocados debajo varían en tamaño, color y diseño. Los elementos de madera conservan su color natural, pero pueden embellecerse con purpurina o color.

Por último, aplicar un salpicado sobre el papel con un pincel y pintura en spray rebajada con agua. Así se obtiene un efecto de acuarela.

Materiales
- Cartulina
- Papel con dibujo
- Alfabeto adhesivo
- Elementos de madera
- Pintura en spray
- Insignia
- Masking Tape
- Troqueladora
- Fotografía
- Pegamento
- Tijeras
- Papel para hornear

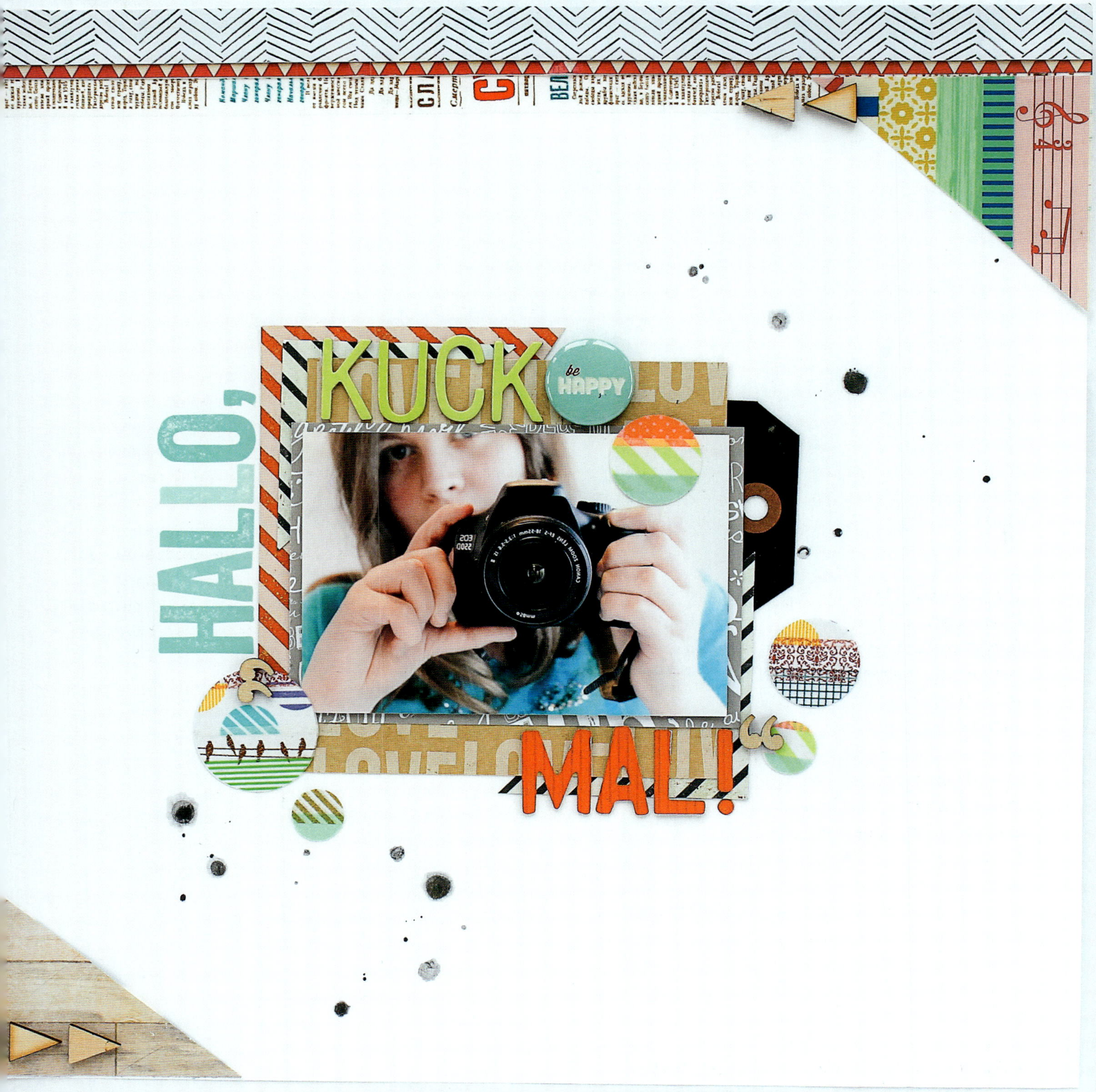
HALLO,
KUCK
be HAPPY
MAL!

Art journaling

Un art journal es un diario visual que sirve para expresar sentimientos, pensamientos e ideas de un modo artístico. Se trabaja de diferentes maneras, con dibujos o colores, en forma de collage o en forma escrita. La fantasía no tiene límites en la composición de las páginas: todo está permitido y las reglas se pueden lanzar por la borda.

Directo al corazón

No solo para enamorados

Lo bonito de los art journals es que en ellos uno puede expresarse libremente. Todo está permitido. Se puede pintar, pegar, desgarrar, dibujar o salpicar con manchas, sin poner límites a la fantasía.

En realidad, cualquier cuaderno sirve como art journal. En este proyecto se ha utilizado un cuaderno que mide desplegado 25 cm de ancho y 17,5 cm de alto. Cabe perfectamente en cualquier bolso y se puede trabajar en él fuera de casa.

El fondo está teñido con acuarelas. Se humedece un poco un pincel en agua y luego se aplica tinta o acuarela de color amarillo. No conviene utilizar demasiada agua para evitar que el papel se ondule. Si se usa mucho la acuarela en un art journal, es recomendable trabajar con un papel especial para acuarelas.

Una vez que el fondo esté completamente seco, pegar una superposición de papeles en los lados derecho e izquierdo, con diferentes tamaños y diseños. Los papeles utilizados en este proyecto se corresponden a la gama cromática blanco/negro/gris/rojo. Se pueden cortar con las tijeras o desgarrarlos a mano. Se crea un efecto muy bonito combinando papeles recortados con otros desgarrados. Para unir visualmente los lados derecho e izquierdo del art journal, pegar un triángulo del mismo papel en la esquina superior derecha y otro en la esquina inferior izquierda. Los triángulos proporcionan un marco a la página completa.

Colocar una tarjeta de biblioteca sobre el papel que se acaba de pegar en la página izquierda. Aquí se pueden pegar también otros tiques y etiquetas, como por ejemplo las de la ropa. Después fijar en el tercio superior la primera palabra del título con letras adhesivas. A veces, en las láminas de letras adhesivas suele faltar una letra. En estos casos, se puede recortar con las tijeras el contorno de la letra que falta, obteniendo la forma del negativo, y pegarlo después, como en este caso en la palabra "direkt".

La página se decora con pegatinas tridimensionales, refuerzos de agujeros, Masking Tape y otras palabras. Pintar el símbolo "&" y los triángulos con un rotulador negro y plantillas.

Fijar en la página derecha una fotografía de 7 cm de alto y 10 cm de ancho. Contornear la fotografía con tiras rotuladas que prolongan el título, que empieza en el lado izquierdo del art journal. Luego embellecer la fotografía con adornos. Las flechas señalan hacia un punto central de la imagen, apoyando el título de la página, "directo al corazón". Aplicar otros realces por medio de refuerzos de agujeros, pegatinas y triángulos dibujados con plantilla.

Como regla general, hay que tener en cuenta que el álbum se vuelve más grueso al ir trabajando más páginas. Es decir, si se utilizan muchas pegatinas tridimensionales, conviene extraer un par de páginas del art journal. El diario queda encantador envolviendo alrededor una cinta elástica o un cordón de lino para cerrarlo.

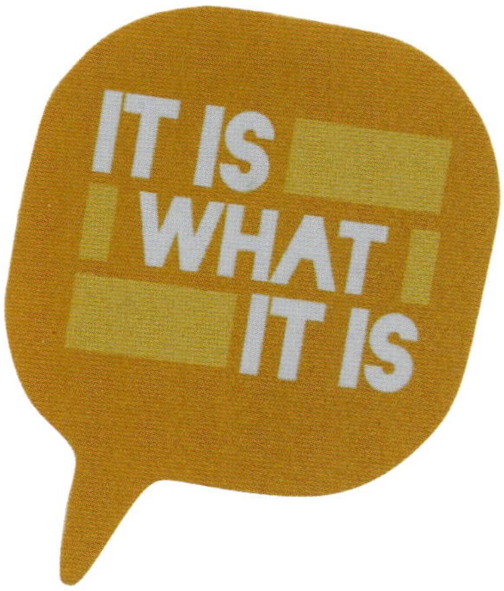

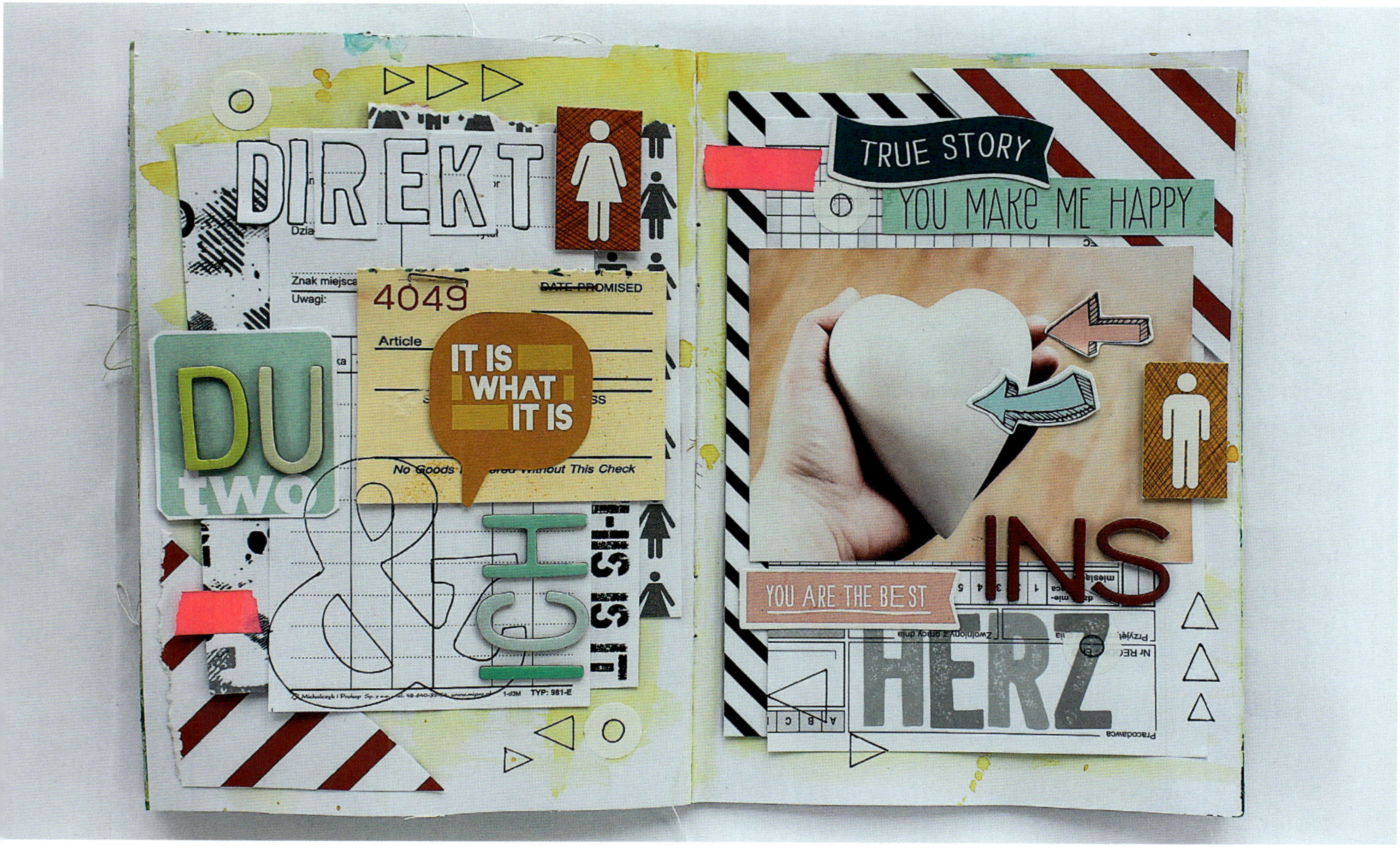

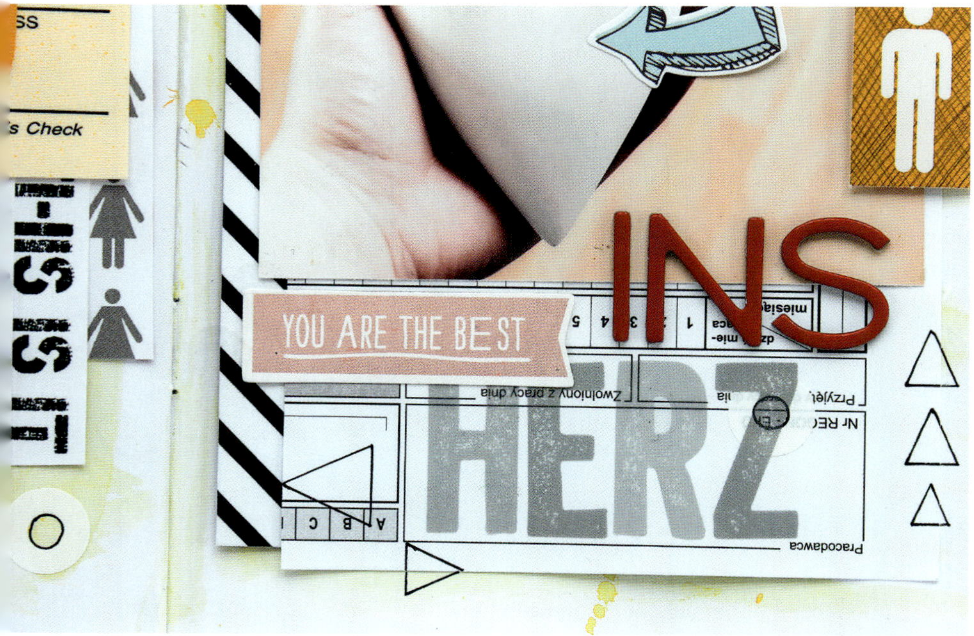

Materiales

- Art journal
- Papel con dibujo
- Fichas de registro
- Masking Tape
- Alfabeto adhesivo
- Pegatinas
- Troquelados
- Plantillas
- Pincel
- Vaso de agua
- Acuarelas
- Pegamento, rotulador
- Fotografía
- Tarjeta de biblioteca
- Grapadora
- Refuerzos de agujeros

Típico nortealemán

No solo para los amantes del té

Los estereotipos no siempre son buenos, pero es divertido jugar con ellos. Los prejuicios se pueden plasmar de forma creativa en una página de art journal. A veces esto sirve para tomar conciencia de los propios prejuicios y/o reflexionar sobre ellos.

Primero humedecer con un poco de agua superficies amplias del fondo de la doble página del art journal. Luego aplicar el color de acuarela elegido. Aquí se pueden utilizar también lápices o ceras acuarelables. Si se desea un fondo más intenso, aplicar una segunda capa de color después de que la primera se haya secado.

Pegar superpuestos papeles de diferentes tamaños en la mitad izquierda y derecha de la doble página seca. Se pueden disponer en vertical o en horizontal, para proporcionar un efecto dinámico a la composición de la doble página. Para conseguir un aspecto más espontáneo, desgarrar los papeles. Quien prefiera los cortes rectos, puede utilizar una guillotina para papel.

No aplicar pegamento en toda la superficie al pegar los distintos trozos de papel. Así se pueden curvar luego los bordes de los papeles, para generar dinamismo y tridimensionalidad.

Después de fijar los papeles, aplicar un salpicado encima con el pincel impregnado en color. En este proyecto se ha trabajado con sprays de color amarillo y negro. Las manchas deben variar en tamaño e intensidad, para que la visión de conjunto resulte más interesante y presente mayor profundidad. Después de aplicar el color, colocar una imagen en el lado derecho inferior y otra en el lado izquierdo superior. La imagen del lado izquierdo se decora con un pequeño marco.

Fijar el título en el borde superior de la página derecha, por medio de una plantilla y un alfabeto adhesivo. Para unir el título con la fotografía de la página derecha, cortar triángulos grandes de papel y pegarlos con la punta señalando hacia la fotografía. El espacio en blanco (o *whitespace)* a la izquierda de la fotografía se puede adornar con letras, flechas, Masking Tape y refuerzos de agujeros. Combinar las fuentes tipográficas de las letras para crear un campo más interesante y distendido.

La página izquierda también contiene flechas: de madera y pintadas. Se pintan a mano o con una plantilla. La repetición de flechas en la página izquierda y en la derecha complementa entre sí las dos mitades de la doble página. Lo mismo ocurre al repetir el color y los refuerzos de agujeros.

El espacio en blanco del lado izquierdo, igual que en el derecho, se rellena con el alfabeto adhesivo y palabras escritas a mano.

Se puede crear un realce especial con pegamento con purpurina, como en este caso en el símbolo "&". Se ha dibujado con una plantilla, pintado con acuarela y luego recubierto con pegamento con purpurina. El elemento brilla bajo la luz del sol, atrayendo automáticamente la mirada hacia el lado izquierdo.

Para terminar, aplicar los últimos salpicados de color y pintar a mano un marco alrededor de la doble página.

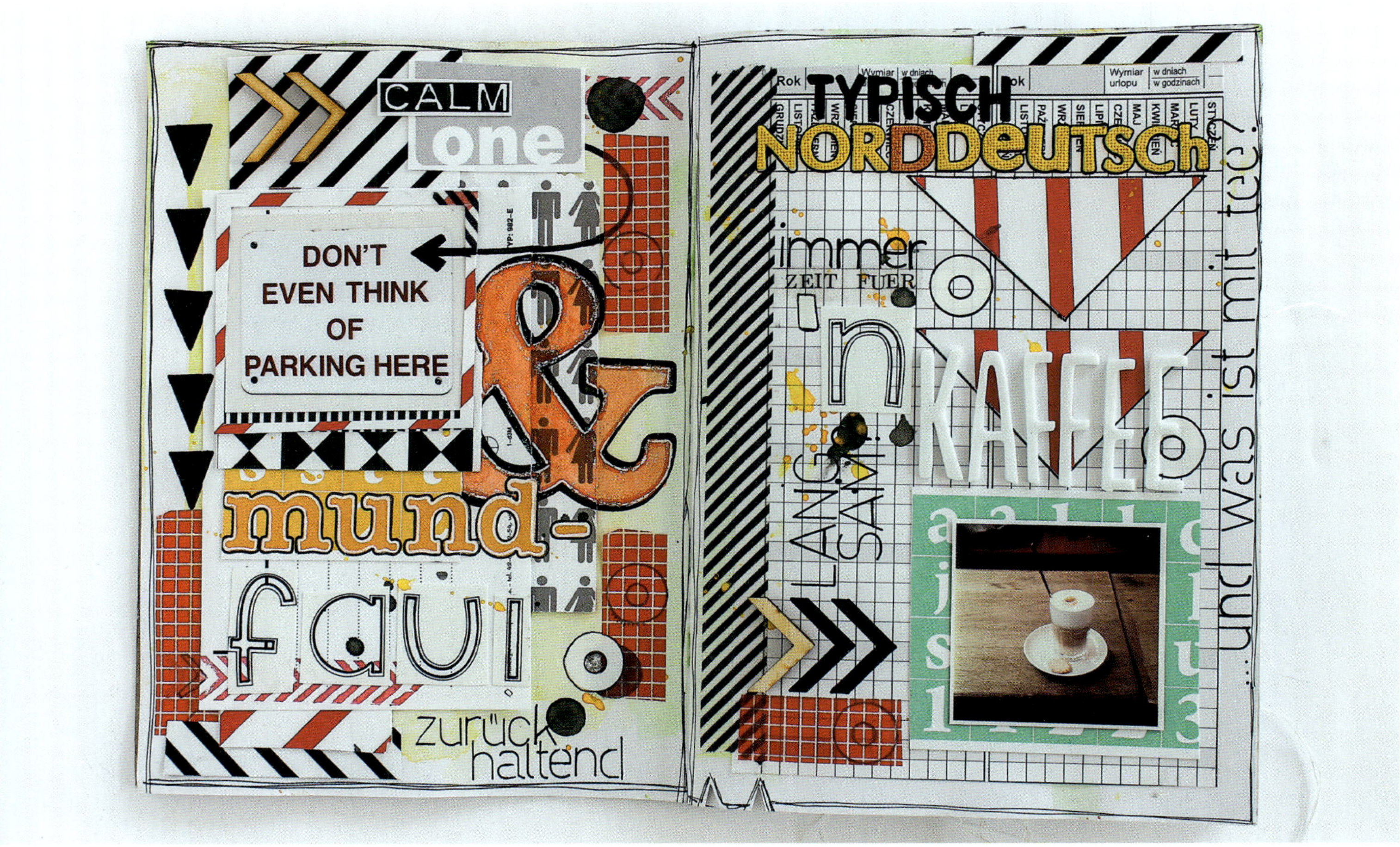

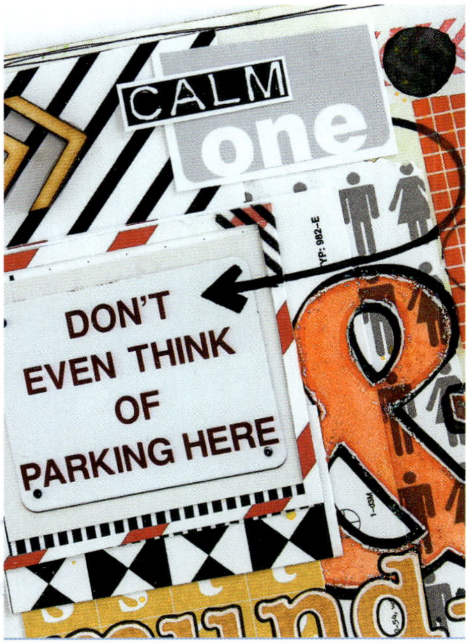

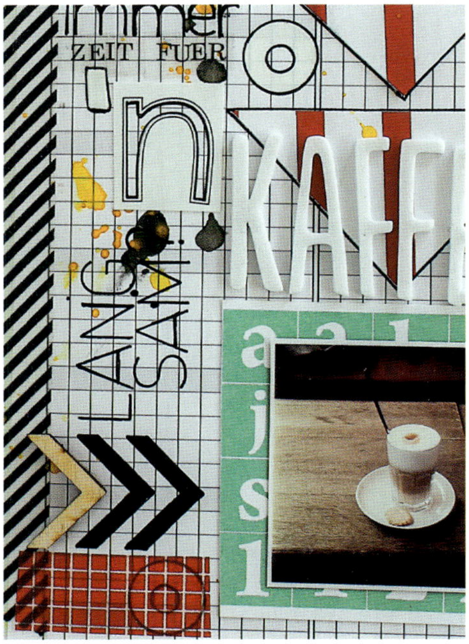

Materiales

- Art journal
- Papel con dibujo
- Masking Tape
- Alfabeto adhesivo
- Pegatinas
- Sello de estampar
- Pintura para estampar
- Vaso de agua
- Acuarelas
- Pintura en spray
- Secador
- Pegamento
- Rotulador negro
- Ficha de registro
- Pegamento con purpurina
- Tijeras
- Elementos de madera
- Refuerzos de agujeros
- Fotografías
- Plantillas
- Pincel

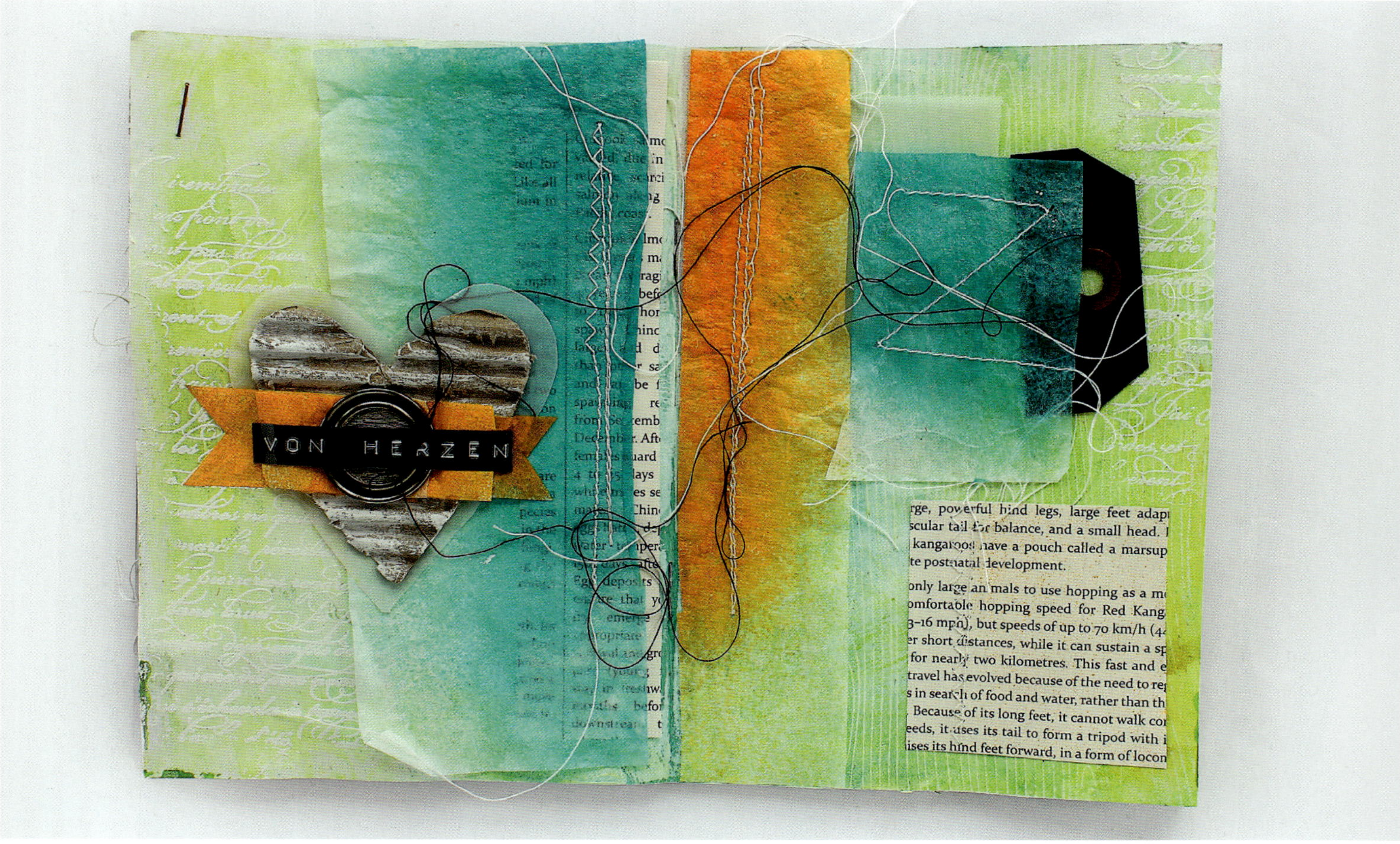

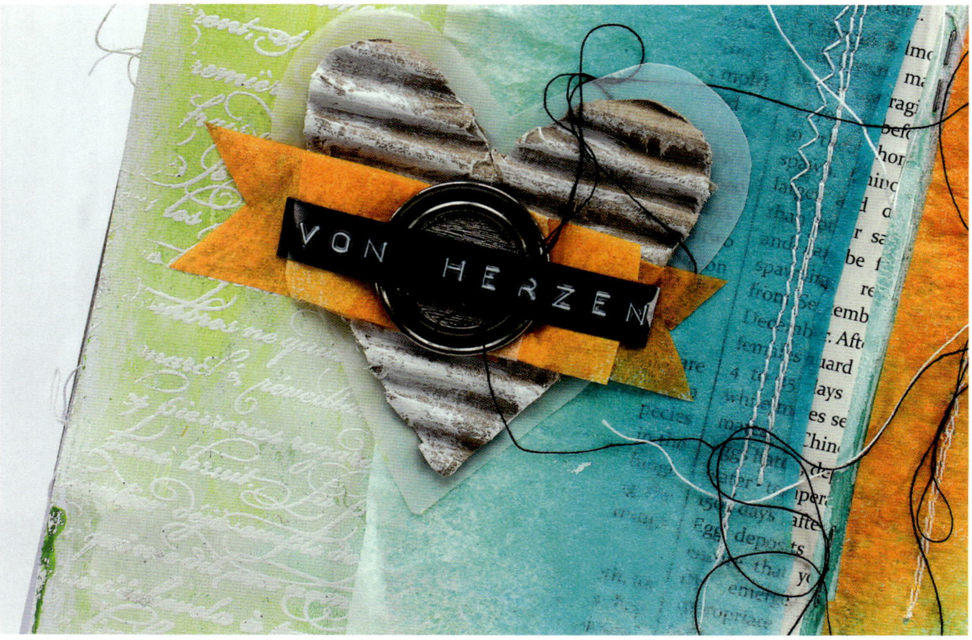

Materiales

- Art journal
- Papel crespón
- Papel pergamino
- Botón
- Polvo de gofrado
- Sello de estampar
- Papel con dibujo
- Pintura en spray
- Gesso
- Etiqueta
- Máquina de coser
- Hilo
- Cartón ondulado
- Rodillo
- Tinta de gofrado
- Etiquetadora Dymo®
- Secador de gofrado

Con corazón

Para los amantes de los hilos

Igual que en los diseños de scrapbooking, también es posible realzar determinados elementos o temas a través de la composición transparente y minimalista de una página de art journal. La utilización de hilos decorativos proporciona a la página cierta delicadeza.

Aplicar gesso en la doble página del art journal para evitar que el color penetre más tarde en el papel. La capa de gesso se puede aplicar con un pincel, espátula o un rodillo, dependiendo de la textura que se desea crear.

Una vez seca la capa de gesso, decorar la página derecha del journal con la técnica Resist. Para ello, humedecer un sello con tinta transparente para gofrado y estampar sobre el papel. Espolvorear polvo de gofrado sobre los dibujos estampados aún húmedos y sacudir el polvo sobrante sobre un papel. Calentar el polvo con un secador de gofrado hasta que cambie la consistencia.

En el paso siguiente se aplica spray de diferentes colores sobre la página. Difuminar los colores con un paño y un poco de agua, mezclándolos, hasta que la doble página completa quede tintada. El diseño repujado antes con el sello queda sin teñir, y se conserva el dibujo y el color del fondo, creando un contraste con el color en spray. De aquí procede el nombre de la técnica Resist.

Mientras se seca el color, trabajar el papel crespón. Recortar trozos de papel crespón de diferentes tamaños y aplicar color en spray sobre la mitad de cada uno. Luego secar las tiras con el secador. Para obtener un degradado monocromático, denominado también técnica Ombre, se vuelve a aplicar con el spray el mismo color sobre el papel crespón, pero no sobre toda la longitud, sino siempre sobre un trozo más corto que la aplicación anterior. Este paso se repite un par de veces hasta obtener un degradado de claro a más oscuro. Es importante dejar secar completamente cada capa de color, antes de aplicar la siguiente. Realizar costuras decorativas con la máquina de coser en el papel crespón. Para crear un efecto un tanto deshilachado, se eligen diferentes tipos de puntada y se dejan colgando los hilos después del remate.

Antes de fijar el papel crespón teñido, embellecer la doble página del art journal con más dibujos estampados con el sello. Esta vez se ha aplicado, sobre los bordes izquierdo y derecho, un sello con relieve de caligrafía impregnado en polvo de gofrado blanco. De este modo se complementan las páginas por medio del color y del motivo estampado repetido.

Pegar una etiqueta y las tiras de papel y de papel crespón. Fijar el papel crespón solo parcialmente para darle a la página una apariencia vaporosa.

Recortar dos corazones, uno de papel pergamino y otro de cartón ondulado. Retirar la capa de papel superior del cartón, para dejar al descubierto el dibujo ondulado. Para suavizar el color marrón del cartón, aplicar encima pinceladas de gesso.

Cortar una tira de papel crespón tintado y pegarla en medio del corazón. Fijar encima un botón con pegamento caliente. Componer el título “Con corazón” con un aparato de impresión manual (etiquetadora Dymo®) y fijarlo igualmente con pegamento caliente.

En el último paso, enfilar un hilo negro por el agujero de la etiqueta y enrollarlo alrededor del corazón, para interrelacionar las dos mitades de la página más claramente.

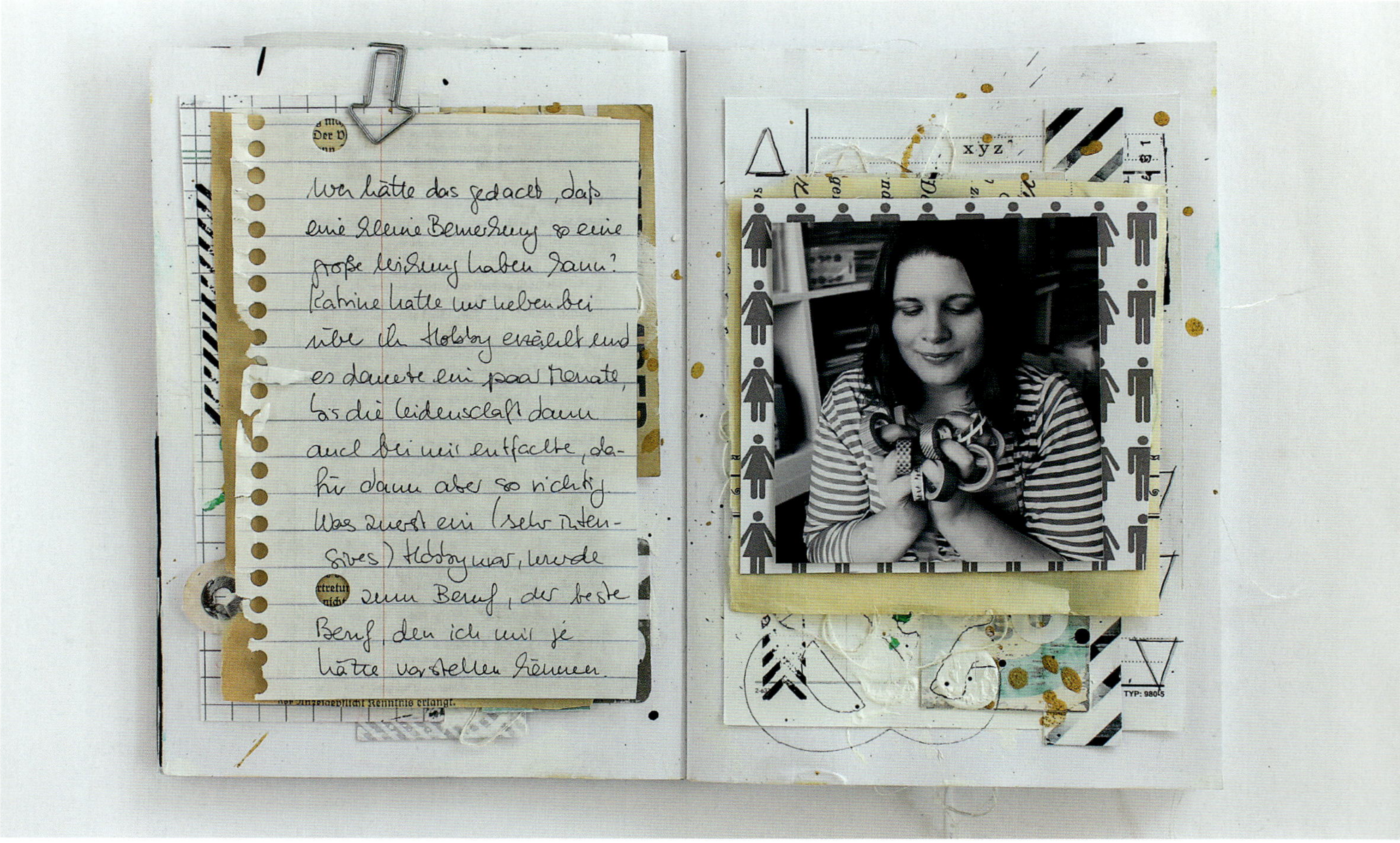

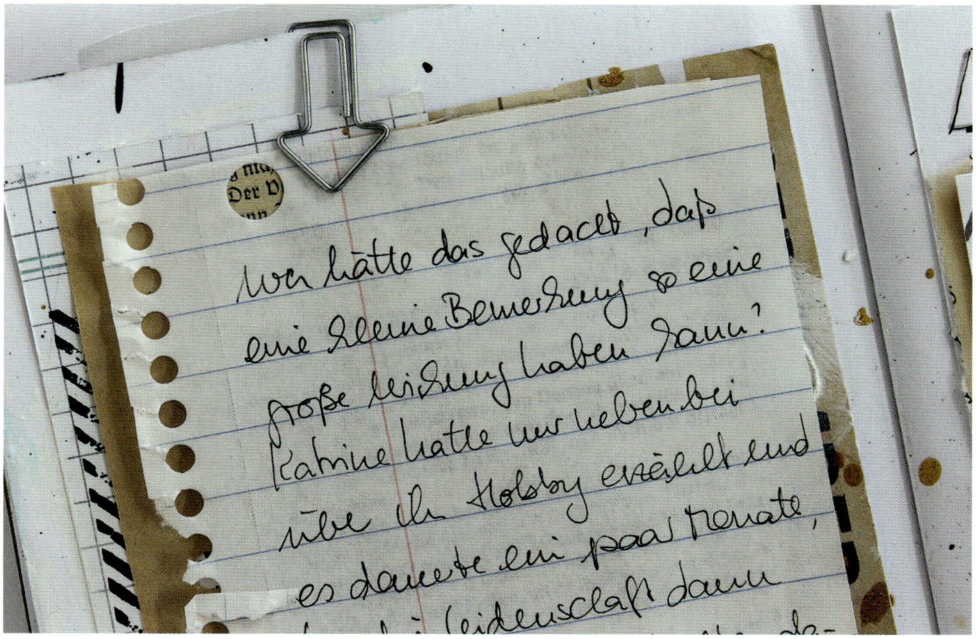

Materiales

- Art journal
- Papel con dibujo
- Refuerzo de agujeros
- Ficha de registro
- Etiquetas
- Plantillas
- Pintura acrílica
- Gesso
- Plástico de burbujas
- Rotulador
- Pincel
- Vaso de agua
- Hilo
- Clip con forma de flecha
- Papel usado
- Papel pautado
- Pegamento
- Fotografía
- Sello de estampar
- Tinta para estampar
- Secador

Quién lo iba a pensar

Cosas que no estaban planeadas

Los art journals son diarios visuales que ofrecen un espacio para anotaciones manuscritas. La escritura a mano es más personal que el uso de plantillas. Además, una nota manuscrita aporta más personalidad a la página.

Primero aplicar una capa de gesso sobre el fondo de la doble página. Se puede aplicar con un pincel, un rodillo o una tarjeta de plástico (por ejemplo, una tarjeta de crédito), dependiendo del tipo de textura que se desee conseguir.

Luego pegar solapados diferentes papeles, etiquetas y fichas sobre la capa seca de gesso. Recubrir con otra capa fina de gesso.

Aplicar un salpicado de pintura acrílica dorada sobre la doble página del art journal. Dependiendo del movimiento del pincel, se obtienen gotas pequeñas o salpicados más alargados.

Una vez secos el color y las manchas, pintar diversas formas con una plantilla en las páginas. En este caso se han dejado sin pintar los triángulos y el símbolo "&" para crear un efecto más ligero y menos compacto. A continuación, se han añadido motivos estampados horizontales y verticales en las dos páginas. Como se trabaja sobre la capa de gesso, se debe entintar el sello con una tinta resistente al agua para evitar que se mezcle con el gesso.

Drapear con hilo ambas páginas y decorar con gesso o pintura acrílica blanca. Una vez seco, el hilo queda adherido al fondo y se pueden salpicar encima más manchas (de color negro o verde turquesa). Luego aplicar sobre el papel impresiones circulares con plástico de burbujas y pasta para texturas. Secar con un secador.

Antes de fijar las capas superiores, pegar algunos refuerzos de agujeros que sobresalgan por debajo del journaling o de la fotografía.

Fijar el journaling en la página izquierda: recortar primero un trozo de papel usado y fijarlo en la página con pegamento caliente. Como la base es irregular, conviene utilizar un pegamento fuerte, como el pegamento caliente, para evitar que el papel se desprenda. Fijar encima el papel pautado. Escribir en él el texto antes de pegarlo, ya que el fondo irregular puede estropear la caligrafía. Redondear la página con un clip decorativo en el borde.

Pegar una fotografía en el centro de la página derecha. Montar antes la fotografía sobre papel con dibujo, que a su vez va pegando sobre papel usado. En caso necesario pueden utilizarse almohadillas adhesivas en 3D para resaltar la fotografía sobre el fondo. Conviene tener en cuenta que el journal se hace más grueso conforme las páginas adquieren más relieve. En casos extremos ya no puede cerrarse.

Para terminar, añadir pequeños realces en las dos mitades, por ejemplo letras adhesivas, más manchas de color o dibujar un marco.

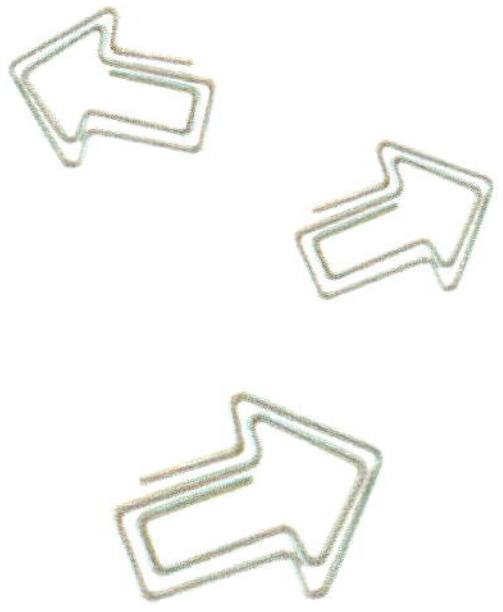

Choca esos cinco

Para los aficionados a las revistas

Casi todo el mundo ha realizado alguna vez un collage. A partir de diferentes elementos pegados sobre una base, se compone un nuevo cuadro. No tiene que ser necesariamente figurativo, puede ser abstracto. Para los collages se utilizan materiales diversos como tejidos, papeles o fotografías.

La doble página del art journal mostrada aquí se compone principalmente de recortes de revistas. Los recortes se pueden buscar aleatoriamente o a partir de un tema. En este caso se han recogido recortes sobre el tema "vida".

Luego se han juntado fichas de registro, trozos de papel, troquelados e hilo y se han colocado con los recortes de revista, a modo de prueba, sobre las dos mitades del art journal. Algunos papeles se embellecen con costuras decorativas. El uso de diferentes tipos de puntada proporciona a la página detalles interesantes.

Una vez conseguida la composición deseada, se retiran las piezas del art journal y se aplica sobre él una capa de pegamento de découpage. Poco a poco se van pegando los distintos elementos con el pegamento de découpage. Para no olvidar la composición de prueba realizada antes, es muy práctico sacar una fotografía con el teléfono móvil o una cámara.

Al componer la página, conviene introducir elementos repetidos para dar consistencia e interconectar las dos mitades. En este caso se ha conseguido mediante las flechas troqueladas, el hilo y la repetición de colores.

Para que la doble página presente una apariencia más distendida y desordenada, decorar la etiqueta negra de la página derecha. Aplicar gesso en los dedos con un pincel y luego presionar estos sobre la etiqueta. Así se obtiene una textura personalizada que proporciona una nota individual al conjunto.

Pegar hilo en el lado izquierdo, utilizando de nuevo pegamento de découpage. Aplicar una fina capa de pegamento en la zona deseada y fijar el hilo. Una vez seco el pegamento, el hilo queda fuertemente adherido a la página.

Fijar en el borde superior de la página derecha una funda de plástico con la grapadora. Dentro de la funda pueden guardarse recuerdos u otros elementos decorativos. En este caso se ha introducido un troquelado y se ha grapado en la funda un trozo de plástico teñido con agujeros.

Otra técnica interesante que se puede aplicar en los collages de revistas es el décollage. Consiste en pegar papeles superpuestos y luego desprenderlos lentamente antes de que la cola se seque. Su apariencia recuerda a los jirones de los pósters arrancados de las paredes.

Se pueden conseguir efectos geniales con una máquina de coser e hilo. Realizar una costura decorativa en un trozo de papel y, en vez de cortar el hilo, sacarlo un poco de la máquina y seguir cosiendo con él otro trozo de papel. Luego pegar los dos papeles unidos con el hilo: uno en el lado izquierdo y otro en el derecho. El hilo se extiende de una página a la otra, interconectándolas entre sí.

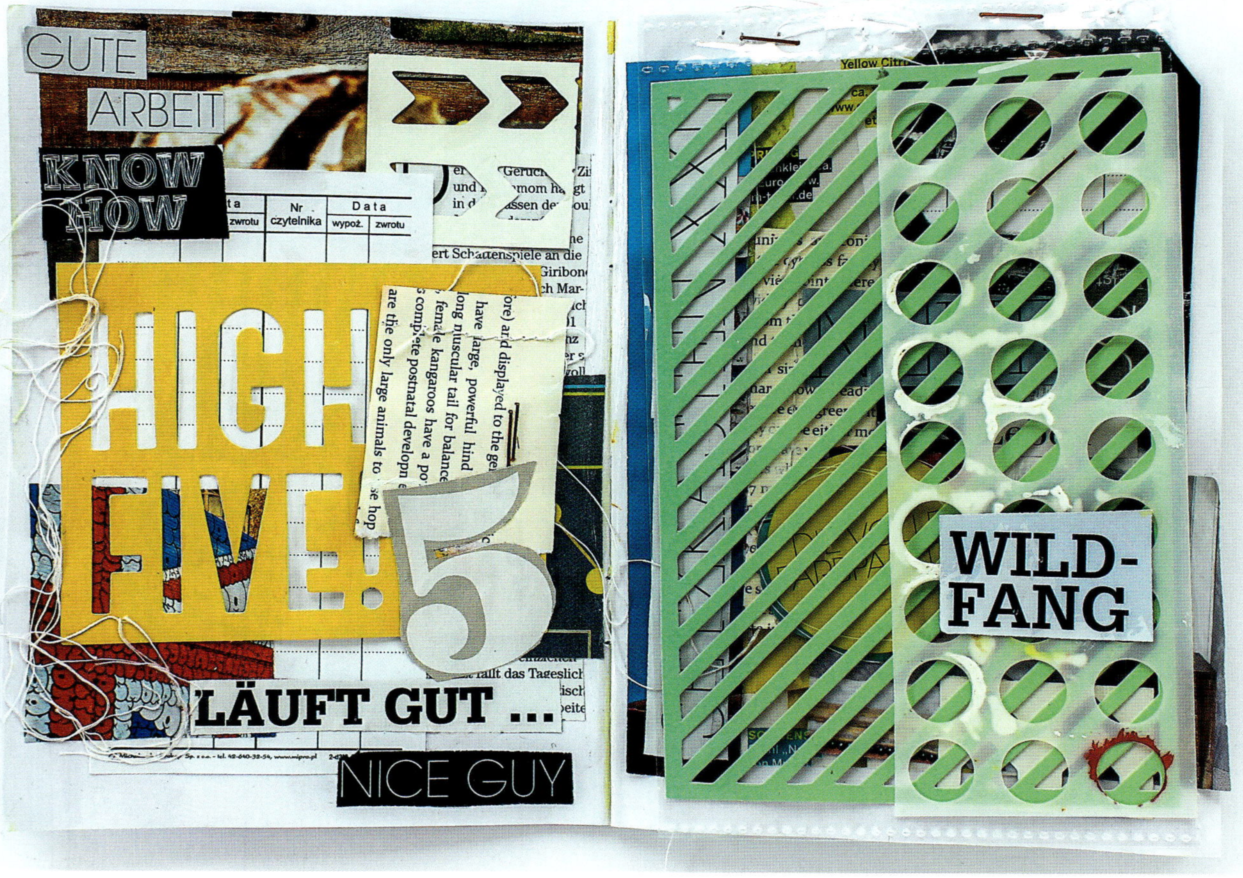

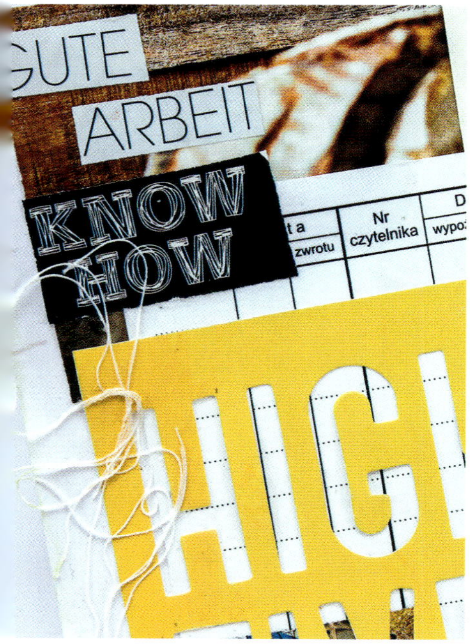

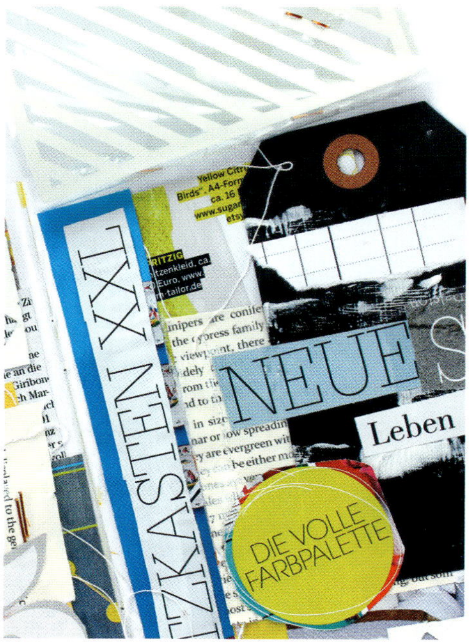

Materiales
- Art journal
- Fichas de registro
- Etiqueta
- Gesso
- Pintura en spray
- Troquelados
- Pegamento de découpage
- Pegamento
- Grapadora
- Hilo
- Funda de plástico
- Plástico con agujeros
- Páginas impresas
- Revistas

23 días

Para los amantes de los cócteles

No solo los papeles y los colores son adecuados para la decoración de art journals, en general se puede trabajar con cualquier material disponible. Una maravillosa combinación es mezclar color y papel con tela. Tul, lino u otro tipo de tejidos: todo vale.

Cubrir las dos mitades de la doble página con pintura acrílica blanca, usar un rodillo para conseguir una aplicación uniforme. Mezclar en una paleta pintura acrílica de color azul claro y verde turquesa oscuro con agua. Después alternar los colores sobre la base seca de pintura blanca, dejando que se transparente el blanco en algunas zonas. Secar el color con un secador o al aire libre.

Pegar páginas desgarradas de un libro con pegamento para servilletas. Para evitar un efecto demasiado compacto, fijar las páginas en pequeños jirones (ver las páginas izquierda y derecha del art journal).

Tintar un sello con pintura acrílica blanca y luego estampar dibujos sobre el papel. Conviene limpiar el sello después, pues la pintura seca es muy difícil o imposible de eliminar. Una vez seco el color, pegar tiras de Masking Tape y tela de lino. Después continuar decorando la página izquierda.

Realizar un relieve en vertical con pasta para texturas y una plantilla, en la página izquierda. Se recomienda aplicar la pasta con una espátula. Tener cuidado al levantar la plantilla, para que no estropee la aplicación de color. Luego distribuir las tiras Masking Tape y repetir en la página izquierda la estampación de la página derecha, pero en esta ocasión tintar el sello con negro.

Una vez seca la pasta para texturas, realizar un salpicado (en este caso dorado) con un pincel sobre las dos páginas. Hay que tener en cuenta que las gotas de color diluidas se comportan de forma diferente sobre tela que sobre papel: sobre tela el color puede ser absorbido por el tejido y crear manchas difuminadas, sin contornos definidos.

Fijar hilo con unas grapas en el lado exterior izquierdo del art journal. Luego añadir pegatinas, piedras brillantes y letras adhesivas. Colocar un poco de tul en la página derecha y fijarlo junto con el busto de modista de tela. Para ello, aplicar pegamento caliente sobre el busto y presionarlo sobre el tul. Este tipo de pegamento fluye por los agujeros del tul y se adhiere al tejido de lino. Así el tul se fija bien y ya no se mueve.

Para proporcionar a la página un toque moderno descuidado, se recomienda deshilachar la tela de lino en vez de cortarla. Los hilos de la tela se dejan simplemente colgando.

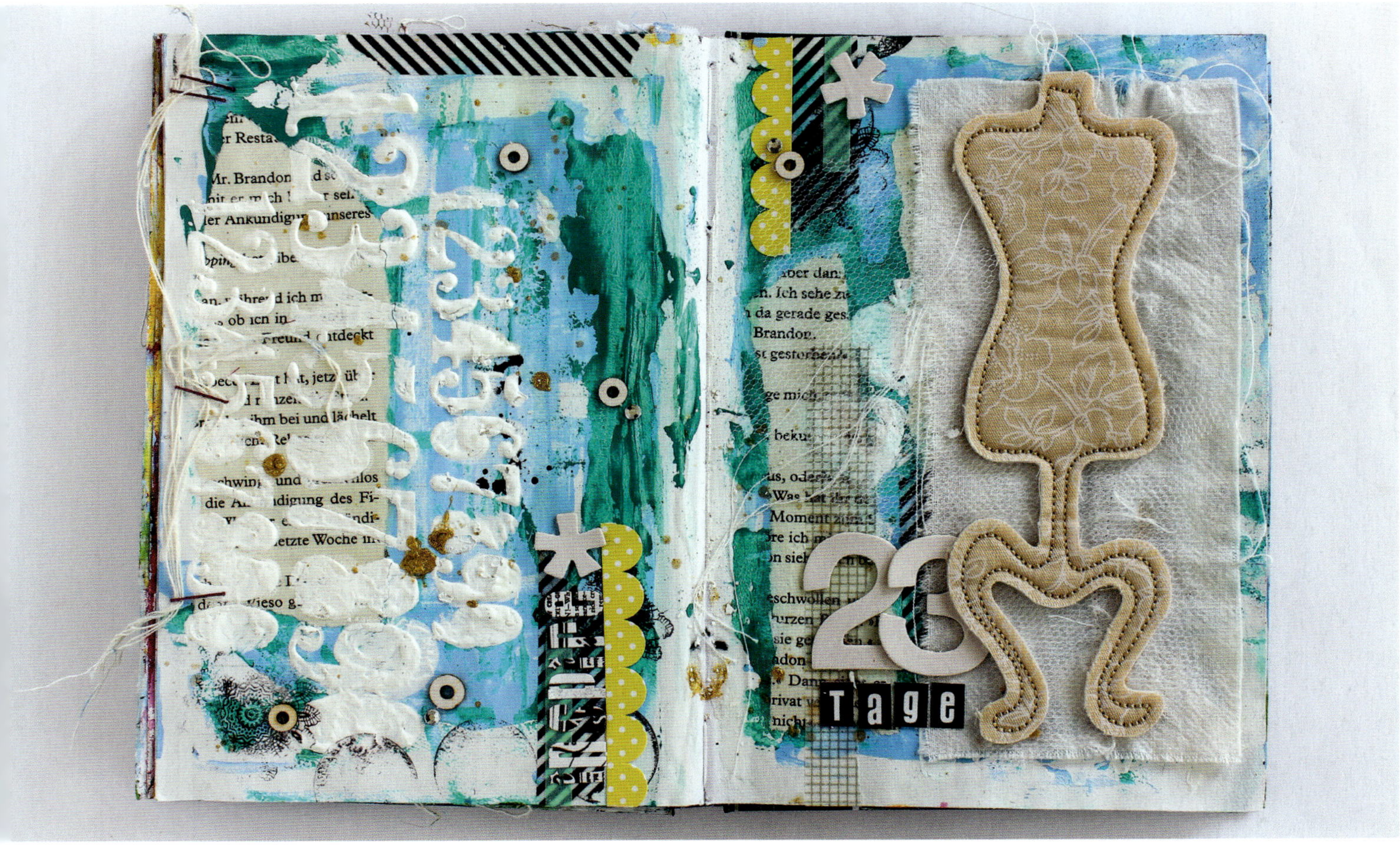

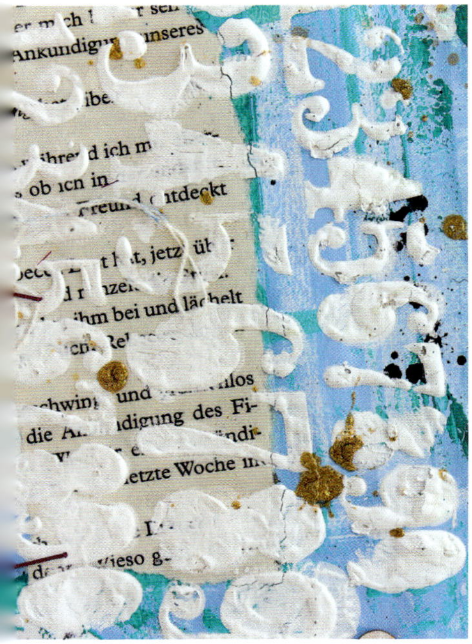

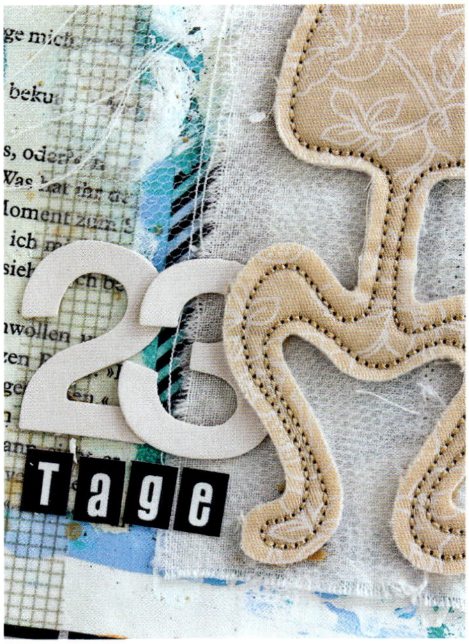

Materiales

- Art journal
- Pintura acrílica
- Pasta para texturas
- Plantillas
- Tela de lino
- Busto de modista
- Alfabeto adhesivo
- Pegamento para servilletas
- Pegamento caliente
- Grapadora
- Pintura para estampar
- Elementos de madera
- Piedras brillantes
- Masking Tape
- Tul
- Sello de estampar
- Hilo
- Páginas impresas
- Espátula
- Rodillo

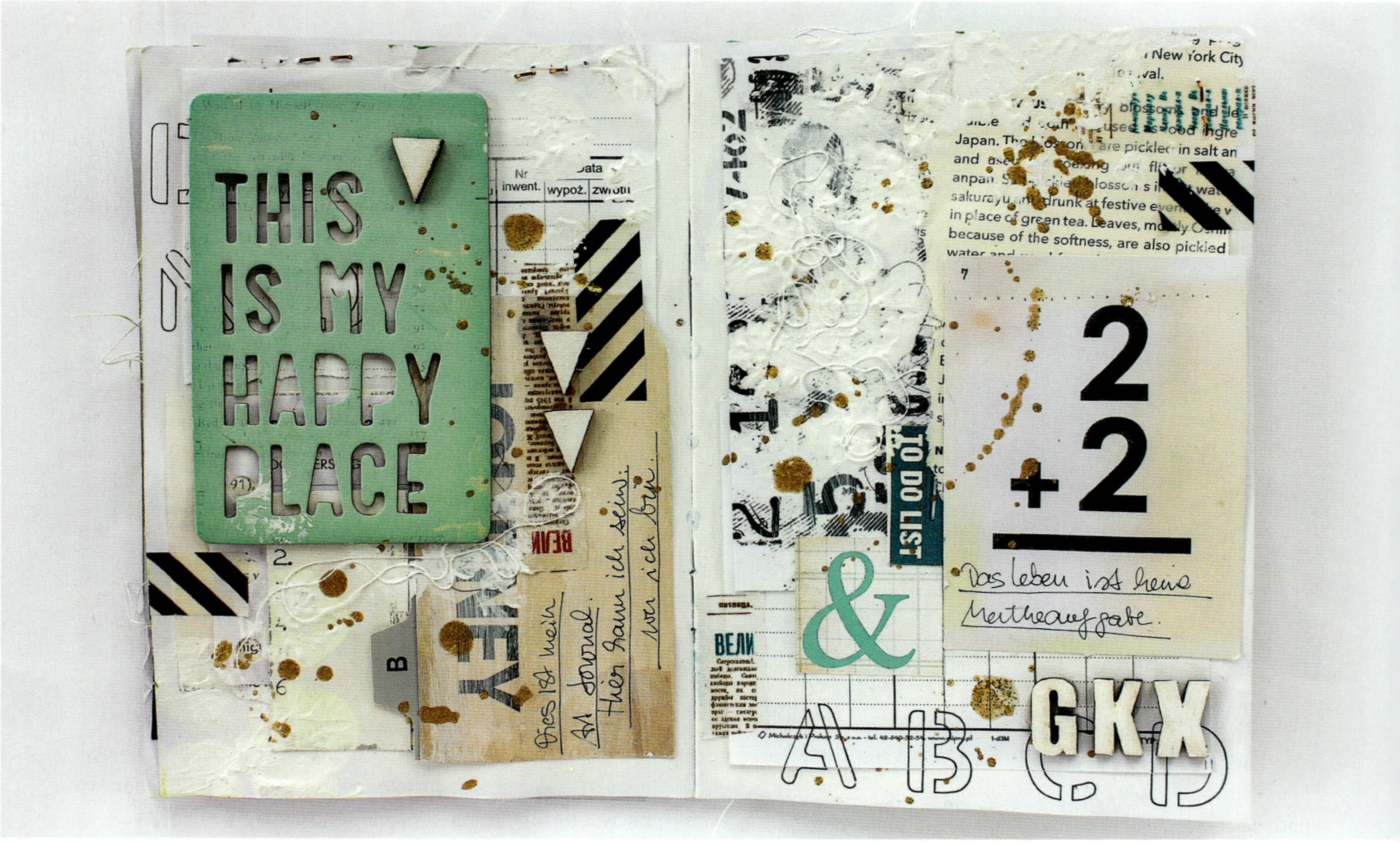

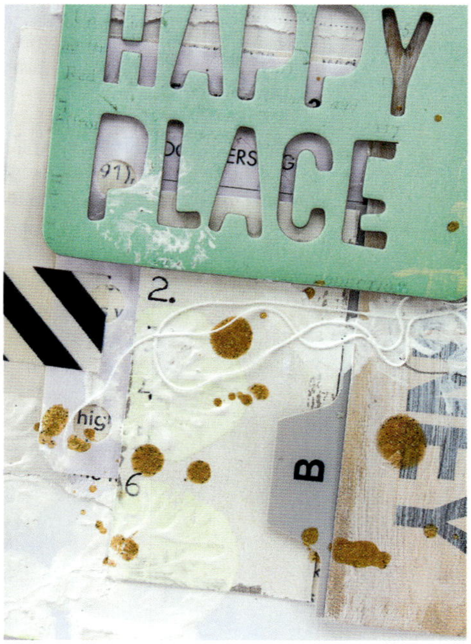

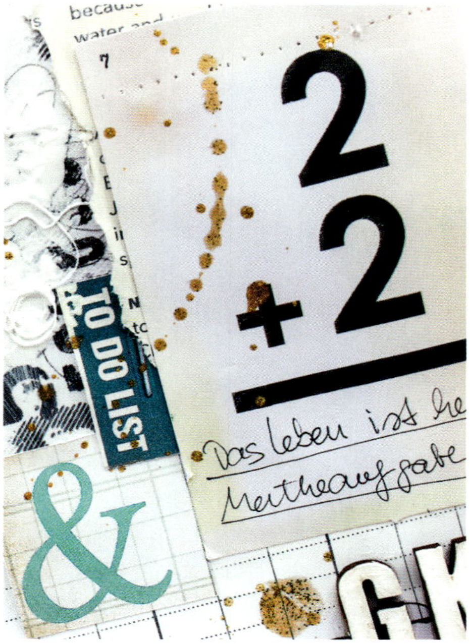

Materiales

- Art journal
- Papel con dibujo
- Pegatinas
- Ficha de registro
- Elementos de madera
- Etiquetas
- Troquelado
- Plantilla, pinturas
- Gesso
- Masking Tape
- Hoja de calendario
- Plástico de burbujas
- Pasta para texturas
- Pegamento de découpage
- Rotulador negro
- Pincel
- Paño
- Hilo
- Máquina de coser

Mi espacio feliz

Para pequeños tesoros

No es necesario disponer de un equipamiento especial para decorar una página de un art journal. Se pueden guardar recuerdos como etiquetas, entradas, trozos de papeles o billetes y diseñar con ellos una página. Se recomienda disponer en casa de una caja donde guardar este tipo de cosas. Con el tiempo, esta se convierte en un auténtico cofre del tesoro.

Trabajar el fondo aplicando una capa gruesa de gesso con un pincel. Cuanto más grueso sea el pincel, más densas serán las huellas del gesso y la textura presentará un relieve más intenso.

Pegar papeles con diferente diseño sobre la capa seca de gesso. Los papeles recortados o rasgados se fijan solapados. Luego aplicar encima otra capa fina de gesso con una tarjeta de crédito vieja. La aplicación puede realizarse en horizontal o en vertical.

Mientras se seca el gesso, realizar el troquelado que después irá pegado en la página izquierda. Crear un efecto envejecido, por ejemplo lijando los bordes con papel de lija y aplicando un poco de gesso. El papel de lija con grano grueso proporciona un desgaste más fuerte, con estrías más profundas que el papel de lija con grano fino.

Superponer ahora otros elementos sobre la doble página: fichas de registro, trozos de papel y tiras de Masking Tape. El color de cada elemento se puede suavizar aplicando encima un color más claro, lo que da un efecto desgastado. A continuación, fijar grandes círculos con plástico de burbujas y pasta para texturas: aplicar con el pincel la pasta sobre el plástico y luego presionarlo sobre el papel. Secar con un secador. Existen plásticos de burbujas de diferentes tamaños. Como suelen venir con los embalajes, es fácil tener alguno reciclado de forma gratuita.

Pintar letras con una plantilla y un rotulador negro en el borde superior izquierdo y en el borde inferior derecho de la doble página. Después, diluir pintura acrílica dorada con un poco de agua y realizar un salpicado sobre las dos páginas. Si se desea obtener gotas de gran tamaño, gotear el pincel a una gran distancia sobre el papel. En este caso, el efecto del salpicado se controla peor que si el pincel se coloca a corta distancia.

Una vez secas las gotas, pegar elementos de madera, como letras o triángulos, y colorearlos. En caso necesario, aplicar dos capas para cubrir por completo el color de la madera.

Pegar a la izquierda de la página izquierda el troquelado realizado antes. Si se desea, se puede decorar con gotas de color y piezas de madera pegadas. Luego anotar un par de notas manuscritas sobre las páginas.

Colocar hilo en la doble página y fijarlo con pegamento de découpage o pintura. Un par de tiras de Masking Tape y grapas añaden a la página el último retoque. Las grapas proporcionan un aspecto interesante si se grapan del revés, es decir, por el reverso de la página.

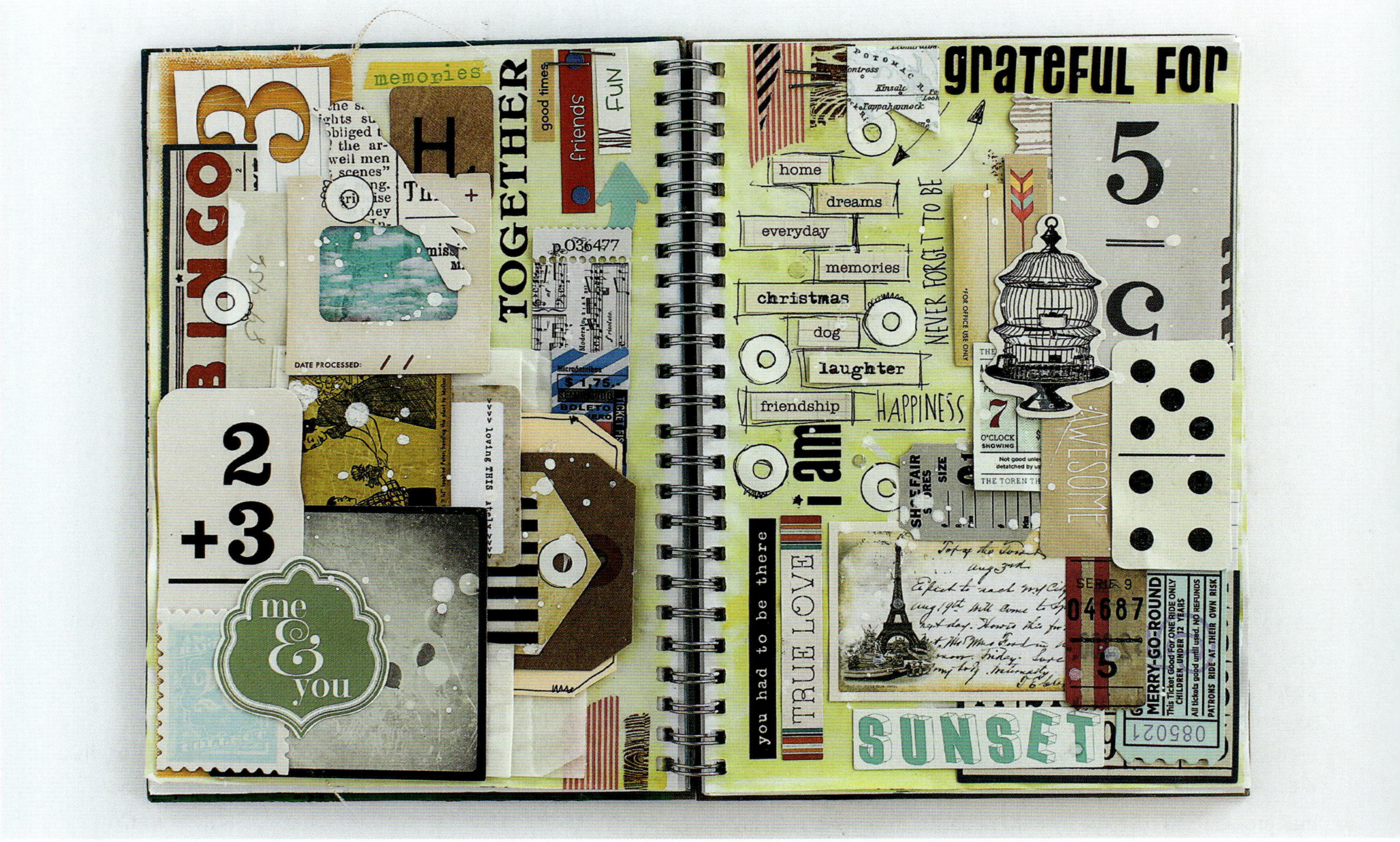

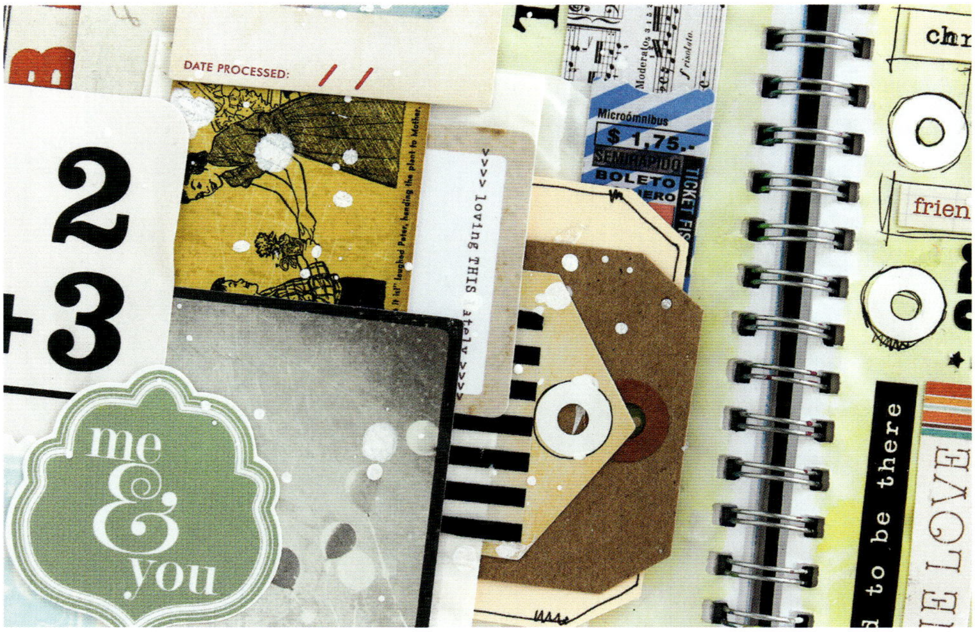

Materiales

- Art journal
- Acuarelas
- Pincel
- Vaso de agua
- Tela
- Refuerzos de agujeros
- Etiquetas de journaling
- Pegamento con purpurina
- Rotulador negro
- Pintura en spray
- Tiques
- Tarjetas pequeñas
- Etiquetas
- Bolsita de papel pergamino
- Masking Tape
- Pegamento
- Tijeras
- Grapas
- Alfabeto adhesivo
- Pegatinas

Agradecida por...

Todas las cosas hermosas de la vida

Con este día a día tan agitado, a veces nos olvidamos de las cosas hermosas de la vida. Por eso es importante de vez en cuando recordar aquello por lo que le estamos tan agradecidos. No se necesitan demasiadas palabras ni materiales costosos, bastan unas palabras clave o unas pequeñas imágenes.

Pintar el fondo de la doble página del art journal con acuarelas. Aplicar primero un poco de agua con un pincel limpio sobre el papel y después el color. Un estuche de acuarelas convencional es suficiente. Elegir un color alegre, para reforzar visualmente el mensaje de la página.

Una vez seco el color, comenzar con la superposición de elementos. Fijar en la página izquierda la tela y la bolsita plegada de papel pergamino. Como ambos son muy compactos, ir pegando encima papeles y pegatinas. Mezclar las pegatinas y los papeles de modo que en el cluster del centro de la doble página aparezcan más pegatinas y caligrafía. De forma opcional, pegar refuerzos de agujeros para cerrar huecos eventuales. Se obtiene más profundidad contorneando los refuerzos de agujeros con un rotulador negro.

Al trabajar la superposición de los distintos elementos, no olvidar colocarlos siempre un poco solapados. Esto crea movimiento y evita un aspecto rígido en la página. Conviene aplicar el pegamento siempre en el centro del reverso de cada papel, para poder levantar así los bordes. De este modo el collage parece colocado al azar e invita a tocar los elementos.

Introducir tres etiquetas superpuestas dentro de la bolsita de papel pergamino, ligeramente desplazadas, para que sea también visible la etiqueta que queda por debajo.

Aunque las dos páginas del art journal tienen mucho colorido, conviene repetir los colores en las dos mitades. De este modo ambas se complementan entre sí y al contemplarlas aparecen como una sola unidad. Lo mismo ocurre con los elementos repetidos, como en este caso los refuerzos de agujeros o las gotas blancas de pintura.

Las gotas blancas se añaden en el último paso. Además de unir las dos mitades del art journal, iluminan la doble página. La disposición arbitraria de las gotas proporciona dinamismo y un toque artístico al collage.

Añadir más realces en el último paso mediante tiras de Masking Tape, pegamento con purpurina y grapas.

Para componer páginas de art journal interesantes y personalizadas, se deben escribir los textos siempre a mano. Y dejar volar la fantasía con caligrafía, letras estampadas o imitación de texto escrito a máquina. Si falta seguridad al escribir a mano, es práctico escribir antes el texto sobre papel borrador. Cuanto más se practica la escritura a mano, se convierte en un hábito y resulta divertido.

Mini álbumes

Mientras que en el scrapbooking se decoran las páginas con un número determinado de fotografías, los mini álbumes ofrecen la posibilidad de integrar muchas fotografías y recuerdos, ya sea de manera cronológica, aleatoria o temática. De este modo un viaje de vacaciones se conserva fantásticamente en forma de mini álbum. Los álbumes se encuadernan y se diseñan de formas variadas, por lo que cada uno constituye una pieza única.

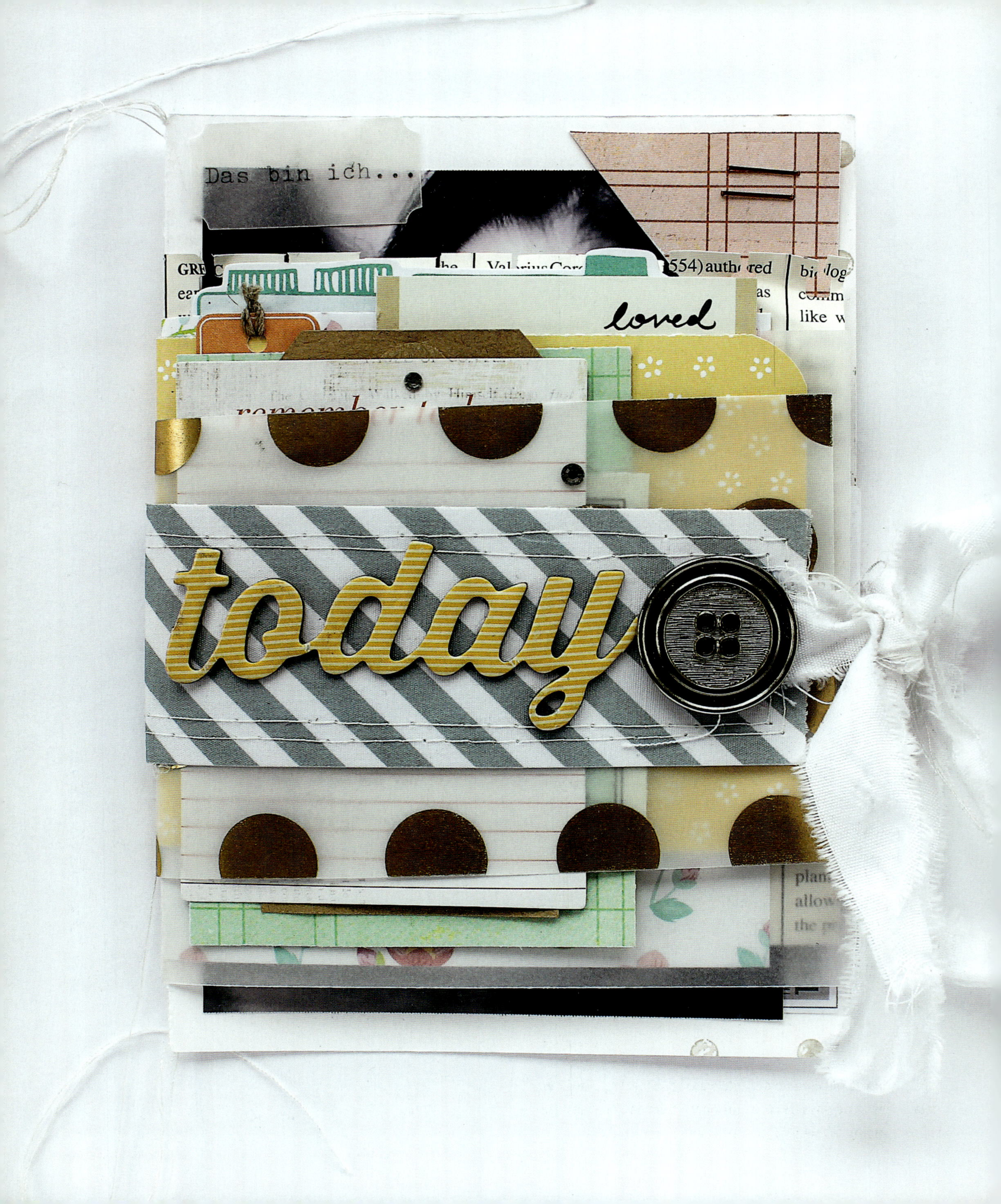
Das bin ich...
loved
today

Hoy

Para los acontecimientos cotidianos

Los mini álbumes ofrecen la posibilidad de agrupar un gran número de fotografías por temas. Es habitual conservar el recuerdo de unas vacaciones en formato de álbum. Aunque este formato se puede aplicar también de modo creativo para determinados días o situaciones.

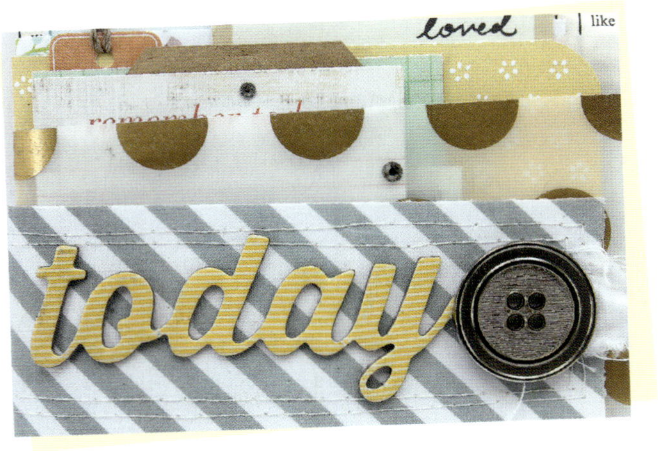

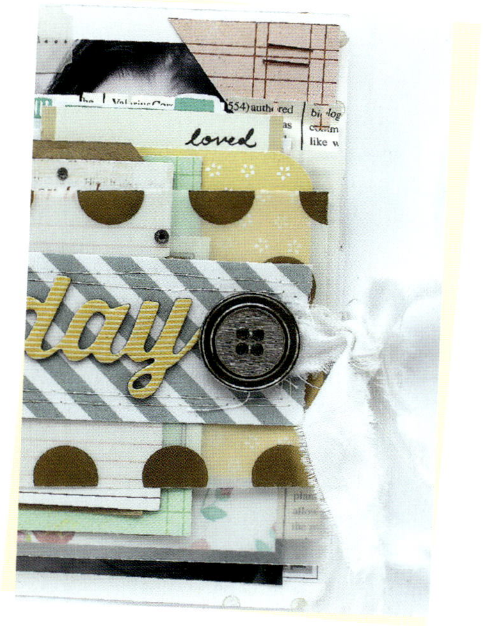

Realización de la cubierta

Primero se realiza un álbum con encuadernación cosida. El álbum mostrado en este proyecto consta de cuatro papeles plegados por la mitad y cosidos juntos. El papel delantero es el más alto, con 16 cm, y va pegado junto. De este modo desaparece la costura interior. Los otros tres papeles se colocan alrededor de este papel, en orden decreciente de tamaño.

Aunque la cubierta del libro teóricamente está compuesta por el papel transparente con puntos dorados y la faja de tela a rayas, se pueden contar también como cubierta las diferentes páginas que sobresalen debido a su tamaño. Ellas determinan el aspecto final del álbum de forma decisiva. Para proporcionar al álbum un aspecto de collage, se han pegado o cosido otros elementos sobre las páginas.

La cubierta de tela no se cose en el álbum, sino que se fija con una pistola de pegamento caliente. Pero antes se debe cortar una tela adhesiva de unos 23 cm de ancho y 4,5 cm de alto, para que sea más estrecha que el álbum, que mide 12 cm de ancho.

Para poder cerrar la faja de tela, antes de fijarla, coser una cinta de lino en el borde derecho y otra en el izquierdo. Después se pega la faja de tela sobre el papel transparente con puntos dorados, para darle más consistencia. Las cintas de lino se pueden dejar en blanco o teñir con spray.

Fijar letras y un botón decorativo para crear un diseño de cubierta más interesante y darle un título al álbum. El botón embellece la cubierta y además cubre el área donde va unida la cinta de lino. Conviene reforzar las letras del título añadiendo pegamento antes de pegarlas, para que no se desprendan al abrir el álbum a menudo. →

Hoy

Páginas interiores

Adornar el borde superior de la página izquierda con una troqueladora de contornos; en este proyecto, la troqueladora tiene un diseño de encuadernación de anillas. Luego fijar un sobre de 11,5 x 12 cm, que rellene casi la página completa. En él hay suficiente espacio para ocultar en su interior una pieza de journaling.

Escribir la historia sobre una etiqueta recubierta con papel y costuras decorativas (ver detalle en la página 75, abajo a la izquierda). Fijar en el reverso de la etiqueta un pequeño sobre con Masking Tape (ver detalle en la página 75, abajo a la derecha). Fijar la cinta en la etiqueta con grapas, para que sea más fácil extraer luego la etiqueta del sobre.

A continuación, pegar los troquelados y las pegatinas en el sobre. Otra alternativa es fijarlos debajo del sobre. Las pegatinas se pueden colocar en varias capas, de modo que se recorten parcialmente al ir superpuestas. Los troquelados y las pegatinas utilizadas aquí son amplios, por ello las letras del título deben también ser grandes. Para resaltar el título, pegar las diferentes letras con puntos adhesivos en 3D.

La página derecha del álbum consta de una cartulina blanca de 16 cm de alto y 12 cm de ancho. Decorar el borde exterior de la cartulina con un sello para trabajar fondos, en este caso se ha utilizado un sello con relieve de puntos y tinta gris. Luego pegar encima una fotografía de 15 cm de alto y 20 cm de ancho. Como la cartulina blanca destaca por debajo de la fotografía, no es necesario que esta tenga un borde blanco. Pegar la fotografía aplicando el pegamento a 2 cm del borde de la misma. De este modo pueden insertarse luego otros elementos por debajo. Realizar una cantonera con un recorte de papel y fijarla con grapas en la esquina superior derecha. Luego pegar pegatinas por encima y por debajo de la fotografía. Las grapas son un elemento repetido que complementa las páginas derecha e izquierda del álbum.

Escribir un pequeño texto con la máquina de escribir sobre papel pergamino y luego troquelarlo, colocando debajo un papel resistente para evitar que el papel pergamino se desgarre.

Las pegatinas pegadas con puntos adhesivos en 3D proporcionan mayor profundidad y tridimensionalidad al proyecto. Para que el reverso de la pegatina no se pegue en la fotografía, primero se pega esta sobre papel y después se recorta. Con un clip decorativo se realzan maravillosamente determinadas áreas de la página.

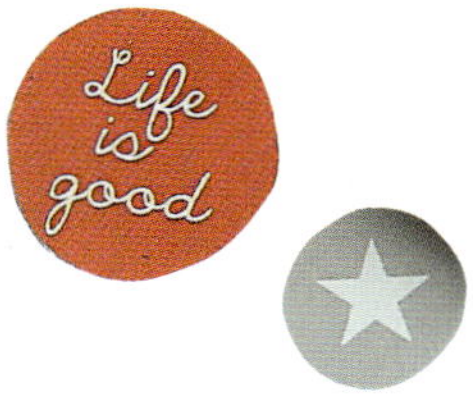

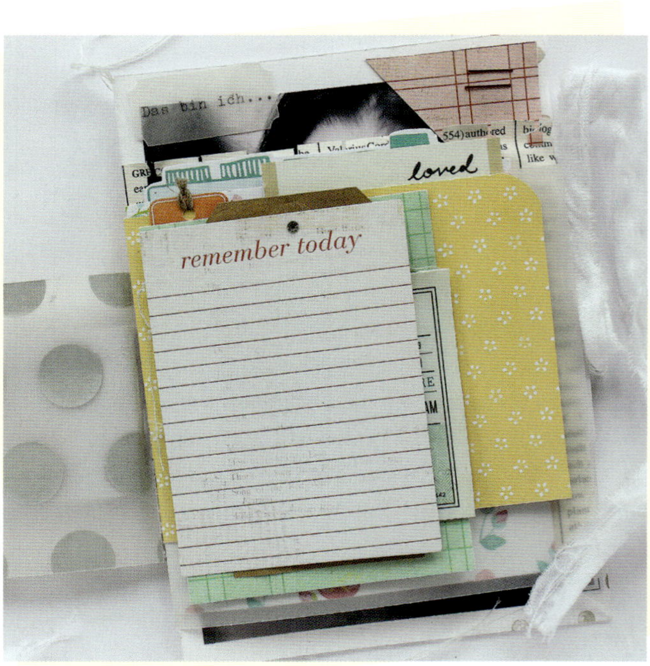

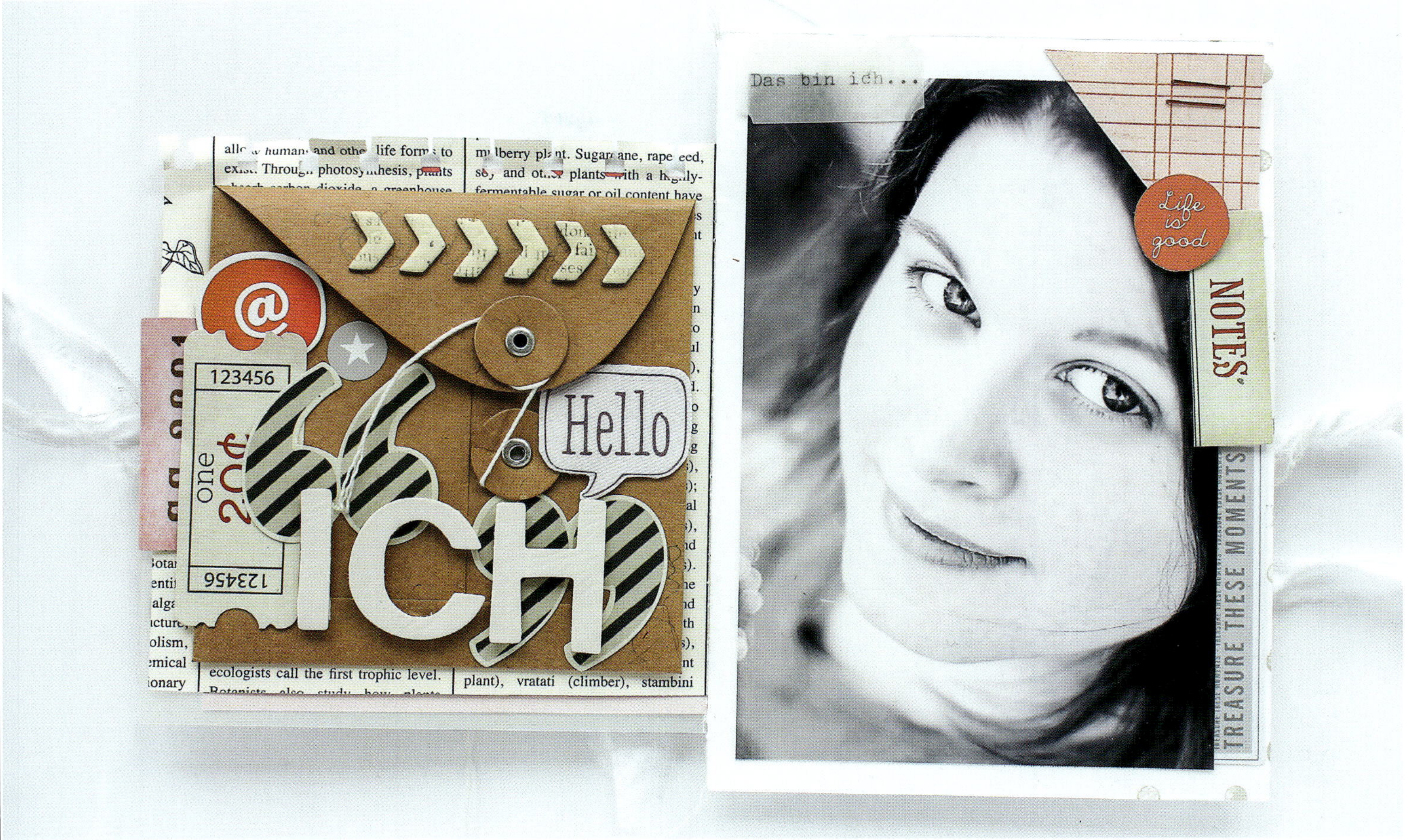

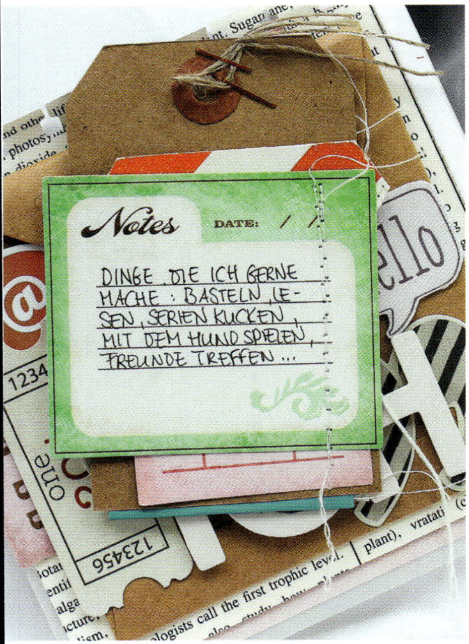

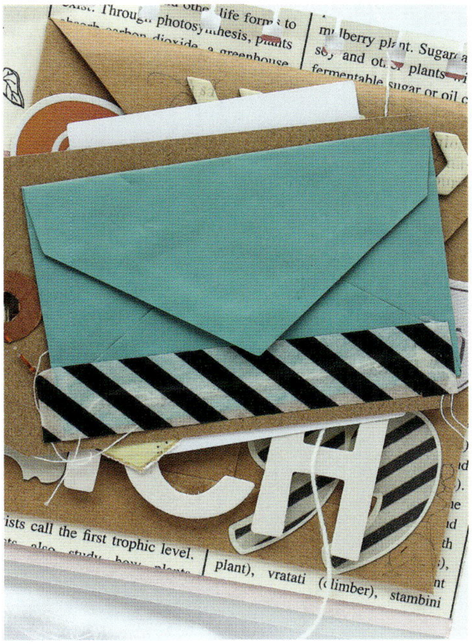

Materiales

- Cartulina
- Papel con dibujo
- Alfabeto adhesivo
- Pegatinas
- Tela autoadhesiva
- Papel pergamino
- Hilo
- Troqueladora
- Piedras brillantes
- Botón
- Clip
- Hilo
- Sobres
- Sello con relieve de puntos
- Troquelados
- Papel transparente con puntos dorados
- Grapadora
- Fotografía
- Tijeras, pegamento
- Tela de lino
- Pegamento caliente
- Máquina de coser
- Puntos adhesivos en 3D
- Tinta
- Papel, rotulador
- Máquina de escribir
- Masking Tape
- Etiquetas

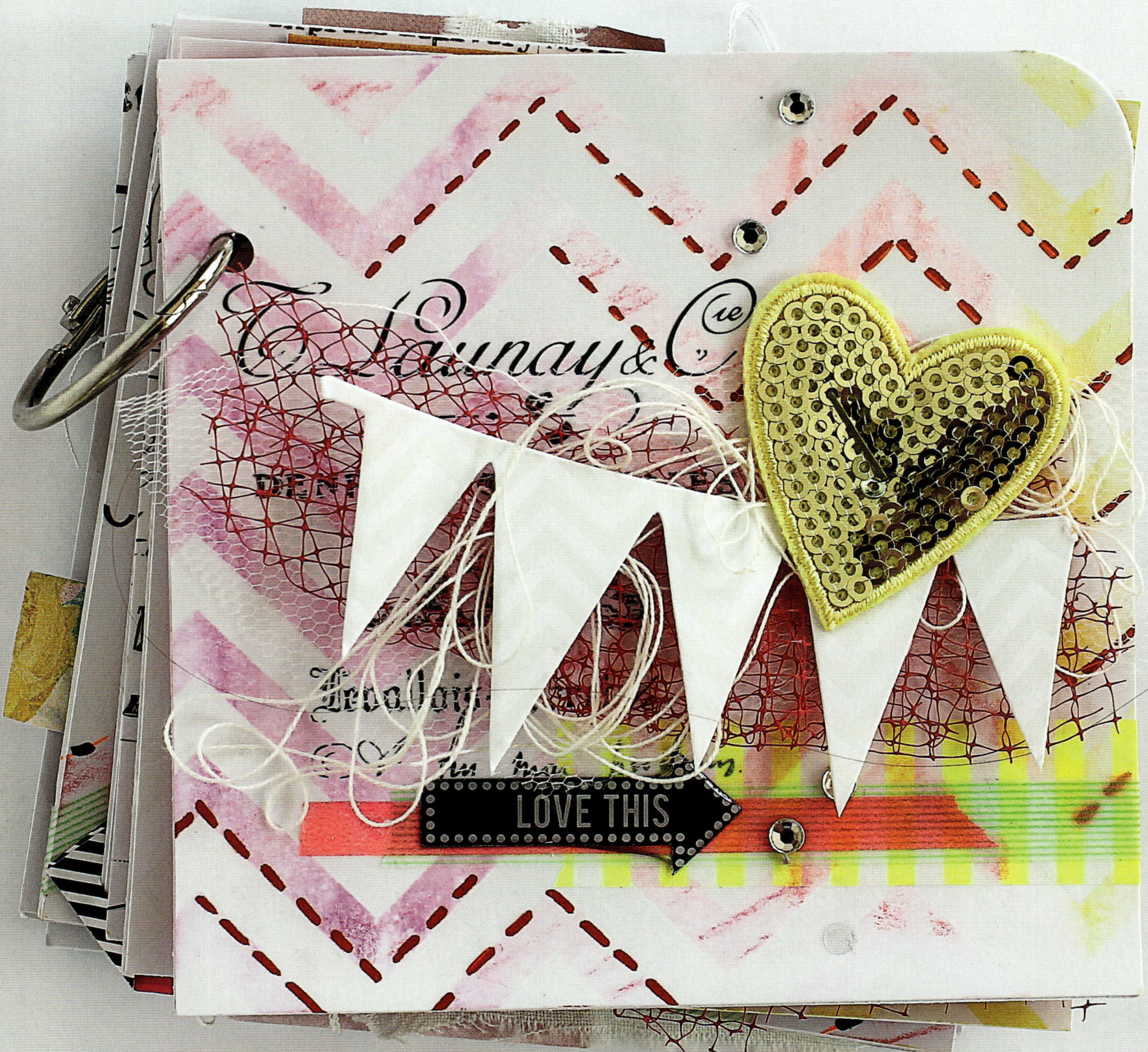
Launay & Cie
LOVE THIS

Me encanta

Para dar alegría con los colores

¡Pequeño pero sorprendente! Este álbum, con un tamaño de 11 x 11 cm, apenas es más grande que un libro de bolsillo infantil y entra casi en cualquier bolso de mano. Tiene espacio para muchas fotografías y recuerdos y gracias a la encuadernación de anillas puede ampliarse o hacerse más pequeño a voluntad.

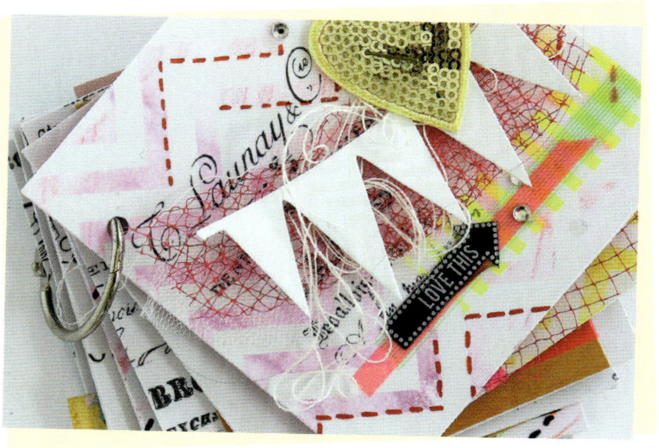

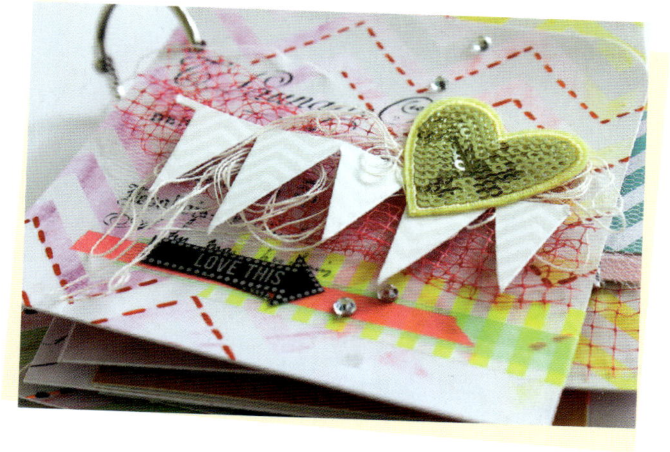

La cartulina utilizada en este proyecto está revestida, de modo que al tintarla con acuarelas u otros medios se crea un dibujo. Las áreas no revestidas se tiñen, mientras que las áreas revestidas quedan en blanco. Así, el propio fondo crea un diseño multicolor.

Realización de la cubierta

Este álbum de siete páginas tiene un grosor de unos 2 cm. Para poder pasar las hojas sin que se doblen, conviene elegir una anilla para encuadernación lo suficientemente grande. En este caso la anilla mide 3 cm de diámetro.

Recortar todas las páginas con el mismo tamaño de 11 x 11 cm. Para los lados delanteros utilizar cartulina blanca parcialmente revestida, y forrar los lados del reverso con papel con dibujo.

Redondear la esquina superior derecha de la cubierta para darle un aspecto más interesante y separarla de la página siguiente, cuya esquina queda visible.

Para la cubierta, teñir la mitad izquierda del papel con color lila, luego con rojo y seguir trabajando con amarillo para crear contrastes cromáticos. Resaltar los bordes del dibujo en zigzag con líneas discontinuas. Para dibujar sobre cartulina revestida se recomienda elegir un rotulador resistente al agua. El texto impreso en la cartulina debe apreciarse a través de la decoración, por lo que se añaden pocos elementos: apretar juntos un trozo de tul y de redecilla de color fucsia y fijarlos en el centro de la cubierta con pegamento caliente. Pegar encima una guirnalda sobre un poco de hilo. Se recomienda utilizar también pegamento caliente. Colocar encima de todo un corazón, realzado con una grapa. Por debajo de este cluster central, fijar tiras de Masking Tape con diferente diseño, anchura y longitud para conseguir más dinamismo. Colocar encima una flecha adhesiva. Añadir realces pegando piedras brillantes, con una disposición en arco desde arriba hacia el borde inferior. ···→

Me encanta

Páginas interiores

La parte interior del álbum tiene mucho espacio para introducir fotografías y adornos. Como la viveza de los colores crea un efecto demasiado intenso, se fijan diferentes elementos para aportar un poco de serenidad: en cada doble página, la mitad izquierda sirve para el journaling y en la mitad derecha se ponen las fotografías.

Fijar en el centro de la página izquierda una tira de Masking Tape. Colocar sobre ella una guirnalda, prefabricada o realizada rápidamente a mano: se recortan triángulos y se cosen a máquina o se pegan ligeramente solapados.

A continuación, colocar un poco de hilo suelto sobre la guirnalda. El hilo se fija automáticamente con la pegatina que colocamos encima. En caso necesario se puede usar pegamento añadido para asegurar las piezas.

Aplicar un texto sobre la pegatina, por medio de calcomanías. Esto se realiza antes de fijar la pegatina, para que la calcomanía se imprima completamente. En vez de calcomanías se puede añadir el texto a máquina o a mano. Embellecer con un pequeño corazón y una mariposa troquelada.

Después aplicar el color en el fondo de la página derecha. Para realzar la página, cubrir de amarillo solo la mitad derecha de la cartulina revestida. Marcar el centro con un trozo de Masking Tape de color neón, para crear una frontera con el lado izquierdo del fondo e introducir tensión entre las dos partes.

Al igual que en la cubierta, en el centro se pegan primero el tul, luego la redecilla fucsia y por último el hilo. Fijar encima dos trozos de papel con dibujo de diferente tamaño. Decorar una fotografía, de 6 x 6 cm, con cantoneras en las esquinas superior izquierda e inferior derecha. Aplicar además un título mediante calcomanías.

La composición de la parte interior del álbum ofrece muchas posibilidades: se pueden añadir, entre otras cosas, cuentas, marcos de fotografías, textos manuscritos, telas o pegatinas para embellecer y realzar el conjunto. Conviene introducir elementos y materiales repetidos, para proporcionar consistencia al álbum y complementar las diferentes páginas.

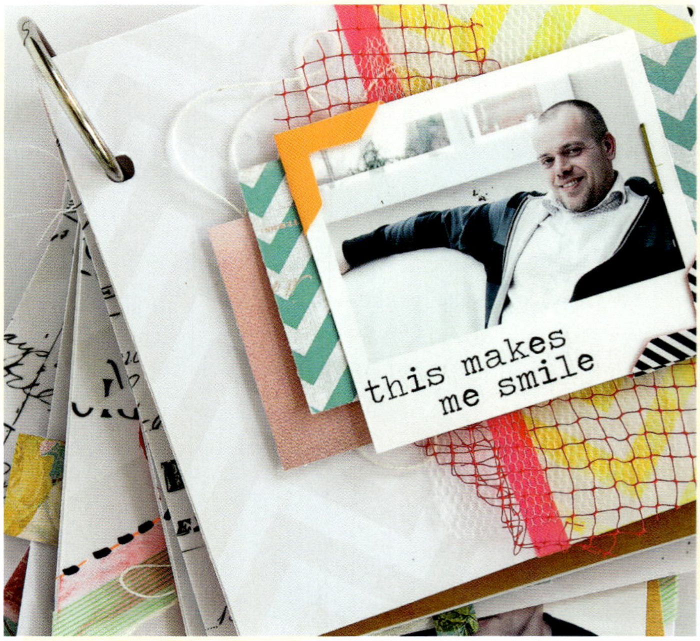

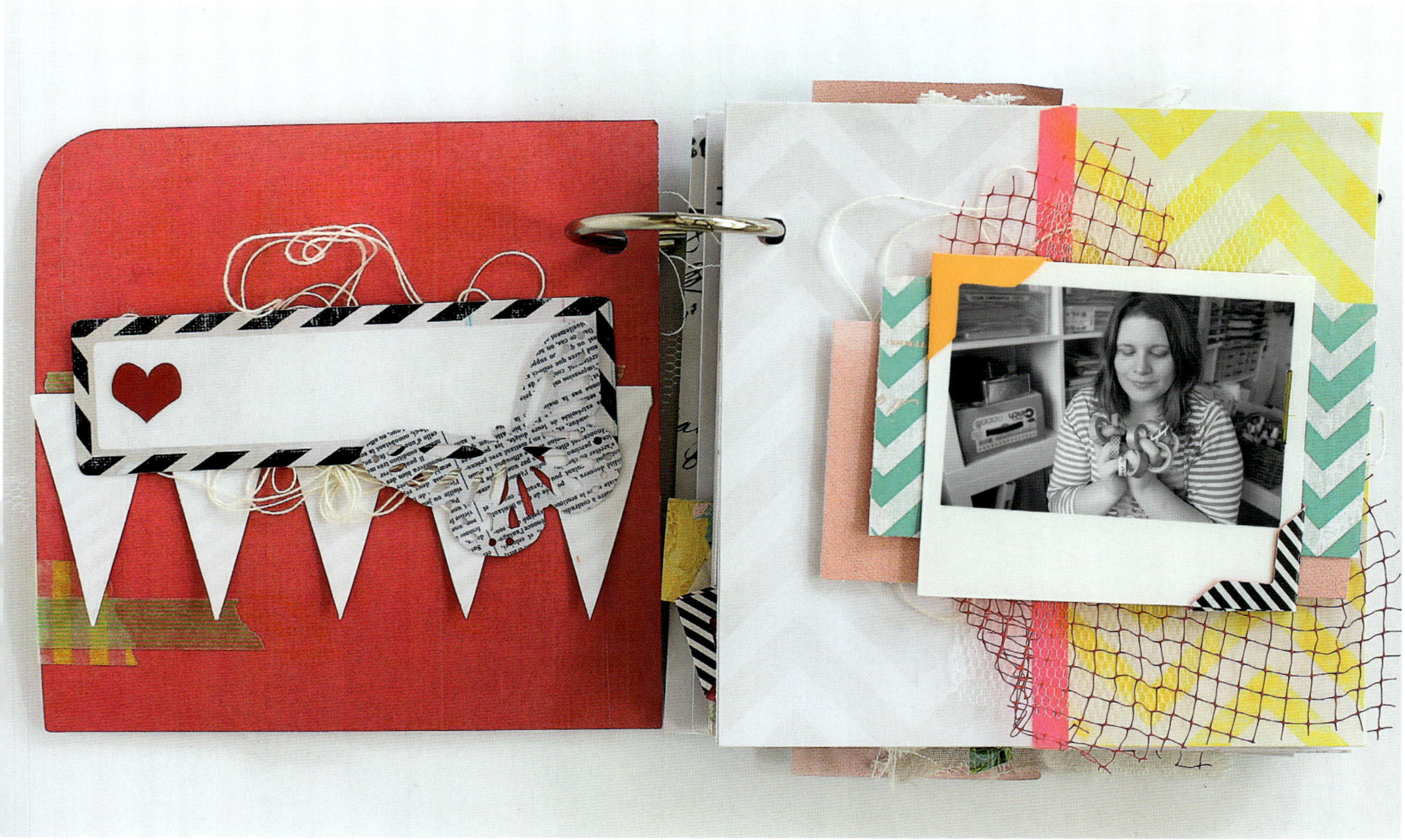

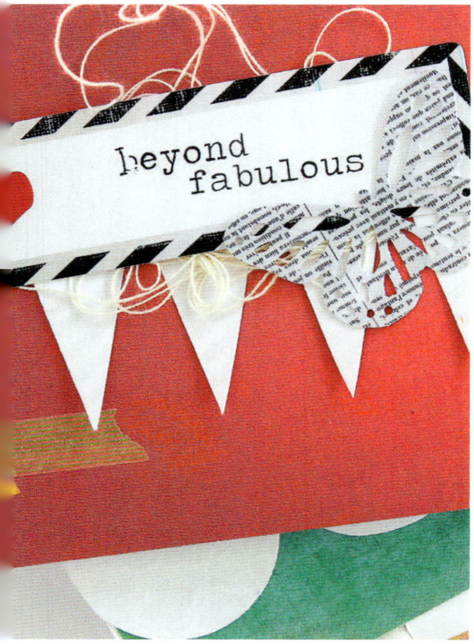

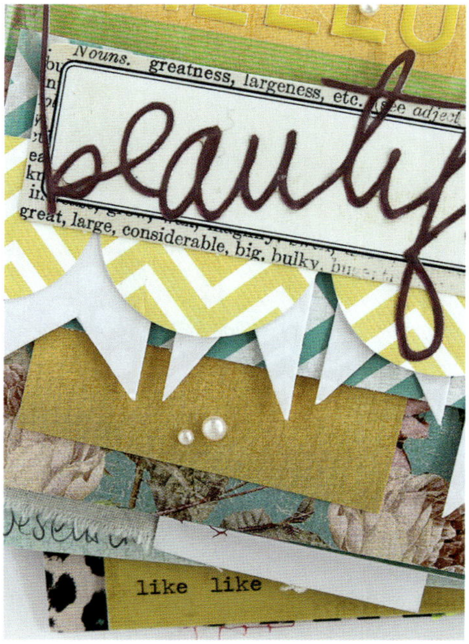

Materiales

- Cartulina forrada
- Papel con dibujo
- Tul
- Hilo
- Alfabeto adhesivo
- Pegatinas
- Piedras brillantes
- Rotulador resistente al agua
- Adornos, como un corazón de lentejuelas
- Anilla de encuadernar
- Troqueladora
- Cantoneras para fotografías
- Masking Tape
- Guirnalda, fotografías
- Pegamento caliente
- Lino
- Grapadora
- Rotulador
- Calcomanías
- Acuarelas
- Redecilla fucsia

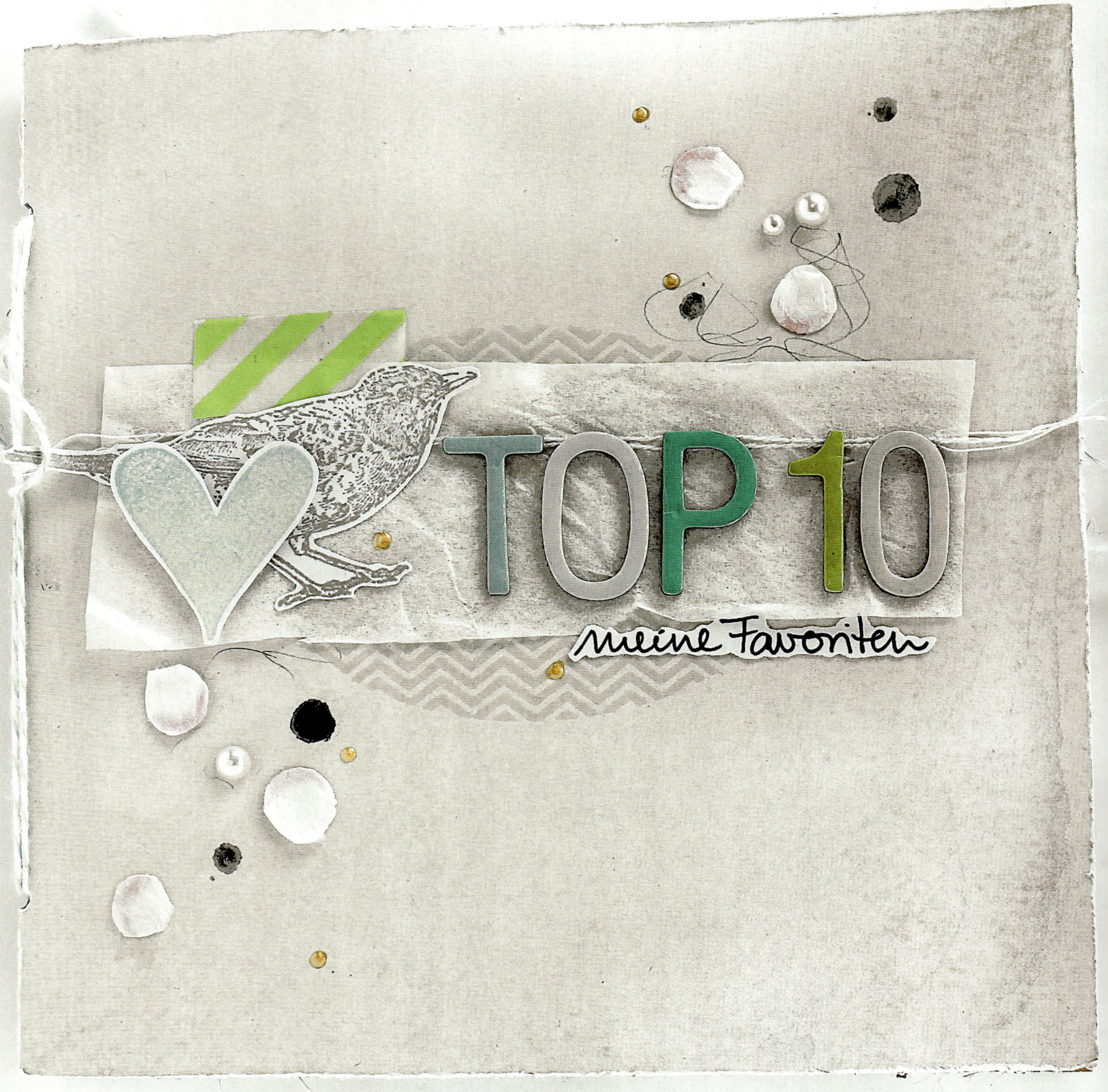
TOP 10
meine Favoriten

Top 10

Para guardar tesoros

Una diminuta variante del mini álbum es un álbum top-ten, en el que guardar las diez cosas preferidas, como series de televisión, hobbies u objetos diversos.

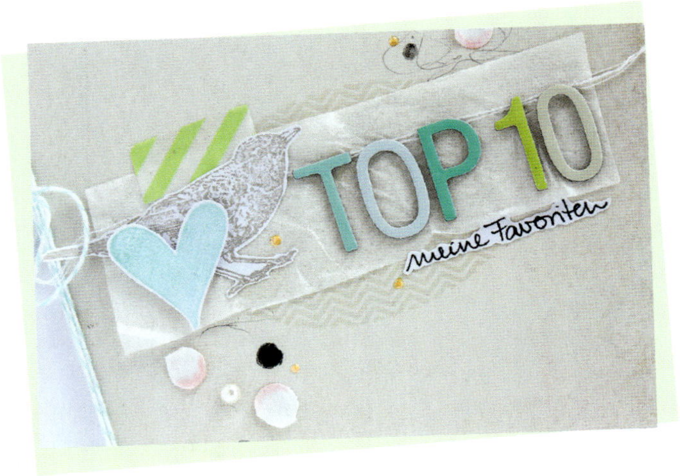

Realización de la cubierta

Este álbum se realiza con una encuadernación de 2 agujeros. Recortar primero seis papeles de 30,5 cm de ancho y 15 cm de alto y plegarlos por la mitad. Para conseguir doblar cantos perfectos utilizar una plegadera. Conviene usar siempre el lado plano de la plegadera, para evitar que el papel se desgarre. Después insertar las páginas unas dentro de otras, a modo de prueba, y ordenarlas hasta determinar la secuencia deseada de colores o dibujos.

En caso de que los papeles no cuadren exactamente al superponerlos, recortar con un cúter el sobrante por el lado abierto. Para obtener cortes rectos, es muy práctico utilizar una regla. Lo ideal es una regla metálica, ya que el cúter podría cortar una regla de plástico.

A continuación, pegar superpuestos los papeles de dos en dos, raspar los cantos con unas tijeras y unir el álbum con una encuadernación de 2 agujeros.

El diseño de la cubierta se compone de numerosos elementos que se van añadiendo poco a poco. La capa base se decora con un dibujo estampado con un sello. En este caso, en vez de tinta, se ha aplicado polvo de gofrado transparente. Primero estampar el motivo elegido con un sello y con tinta transparente, que permite luego espolvorear encima el polvo de gofrado quedando adherido al diseño. Sacudir el polvo sobrante sobre un papel separado. Calentar el polvo con un secador de gofrado hasta que se funda, dejando una película transparente. No acercar el secador demasiado al papel, para evitar que este se abombe.

En el paso siguiente, cortar o desgarrar un trozo de papel crespón de unos 12 cm de ancho y 3 cm de alto y adornarlo con una costura decorativa. Dejar el hilo colgando por ambos lados. Luego fijar el papel crespón con un poco de pegamento sobre el dibujo estampado y adornarlo con un trozo de Masking Tape. Aplicar encima un salpicado con spray o acuarela, en sentido diagonal. Mientras se seca, estampar otros dibujos sobre una cartulina blanca. Recortar a mano el corazón y el pájaro estampado y pegarlos en la parte izquierda del papel crespón.

Componer el título con letras adhesivas y caligrafía. Escribir el subtítulo "meine Favoriten" ("mis favoritos" en español) con un rotulador negro sobre cartulina blanca y luego recortarlo. El color de las letras restantes depende de los colores de los demás elementos de la cubierta.

Por último, dibujar con un lápiz algunos trazos y añadir los pétalos, las cuentas y las manchas doradas.→

Top 10

Páginas interiores

La composición de las páginas interiores se orienta por la cubierta del mini álbum. La mitad izquierda de la doble página de este proyecto está formada también por un gran número de elementos que, colocados en conjunto, proporcionan una totalidad. En primer lugar, coser medio papel con filigranas sobre un trozo de papel crespón. Como se van a fijar otros adornos en el papel crespón, conviene fijar el papel con pegamento en algunas zonas. Luego colocar superpuestos los troquelados y las pegatinas, ligeramente desplazados y combinando colores. En este caso, las distintas piezas se han dispuesto en diagonal, ligeramente solapadas.

Dibujar con el lápiz líneas suaves en las áreas superior e inferior de la parte central y después pegar encima pequeñas mariposas y pétalos. Los pétalos se recortan en papel y se tiñen con spray o bien pueden proceder de una flor de papel.

En la página derecha se incluye una fotografía de 7 cm de alto y 10 cm de ancho. Se fija previamente sobre un trozo de papel con dibujo, que a su vez va pegado sobre una bolsita. Dentro de la bolsita se pueden guardar notas escritas a mano, recuerdos o etiquetas, como se aprecia en este caso. Fijar la bolsita junto con la fotografía en el centro de la página derecha, con la abertura hacia la derecha. Enfilar un trozo de hilo a través del agujero de la etiqueta insertada en la bolsita y dejar que cuelgue a modo decorativo.

Para crear una unidad con la página izquierda del álbum, fijar la otra mitad del papel con filigrana en el borde superior derecho y decorar con una pegatina. Distribuir también en esta página varios pétalos y dibujar líneas con el lápiz.

Escribir el título con una máquina de escribir sobre papel blanco y recortarlo en forma de banderín. No pegar completamente el título; para darle un aspecto más delicado, aplicar un poco de pegamento solo en los bordes exteriores derecho e izquierdo. De este modo el banderín adquiere relieve, como si nada más estuviera posado sobre el papel.

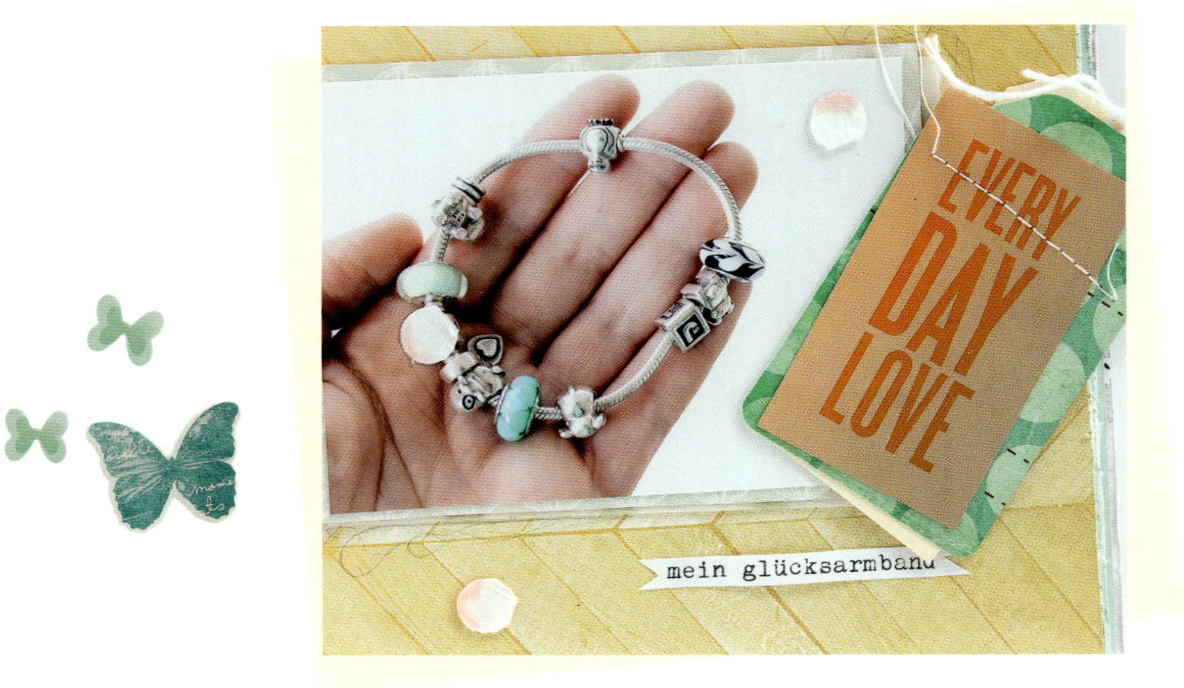

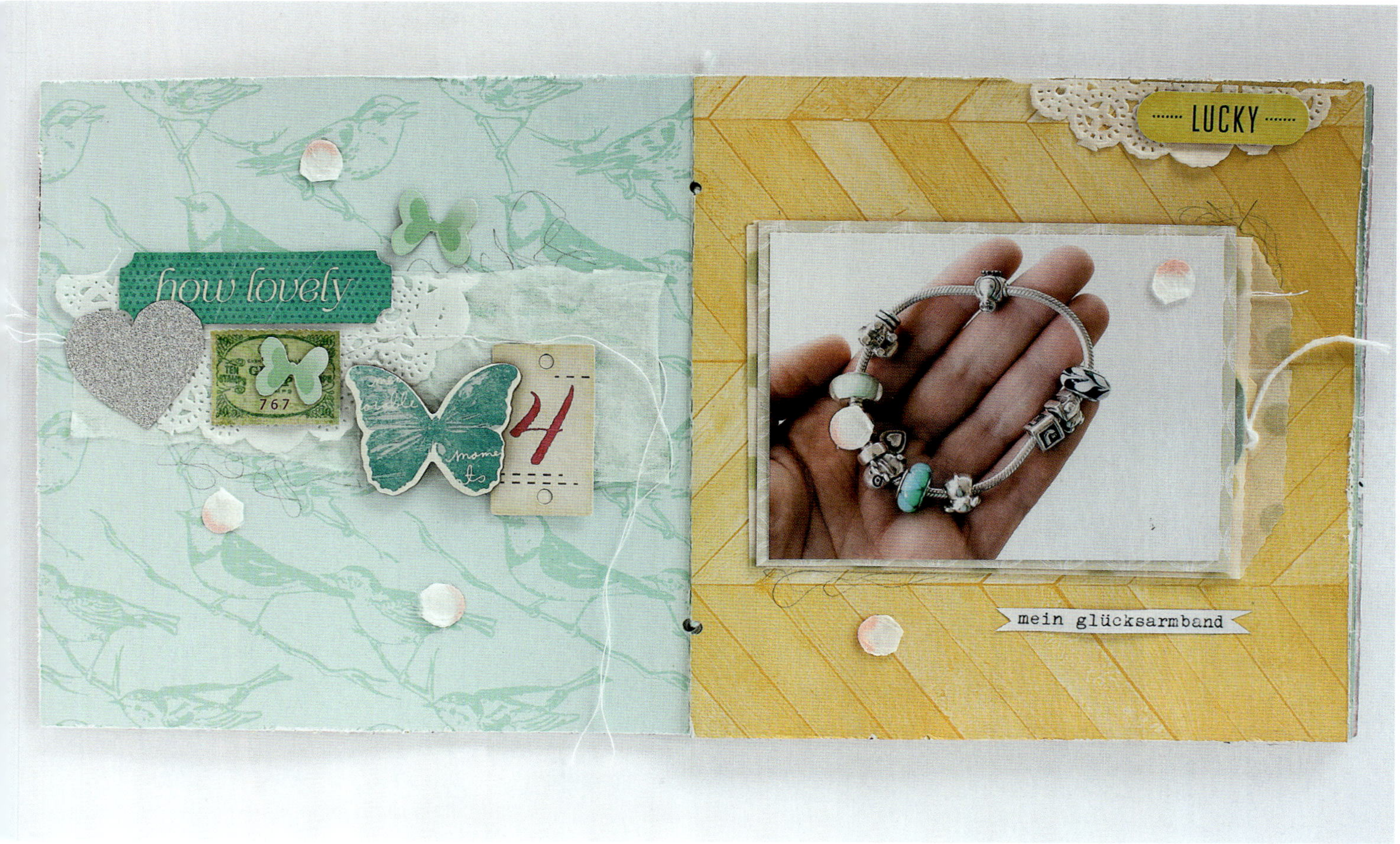

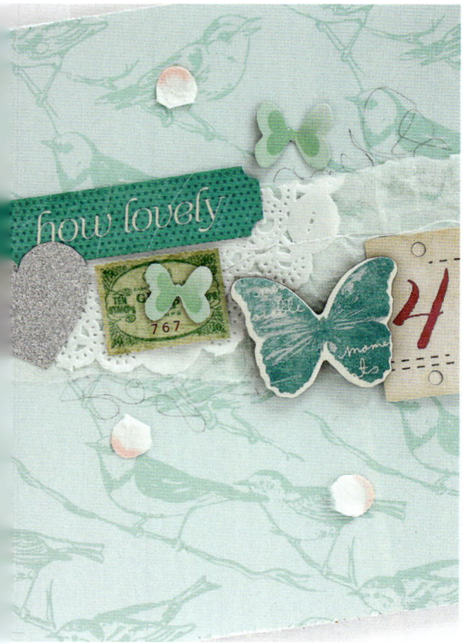

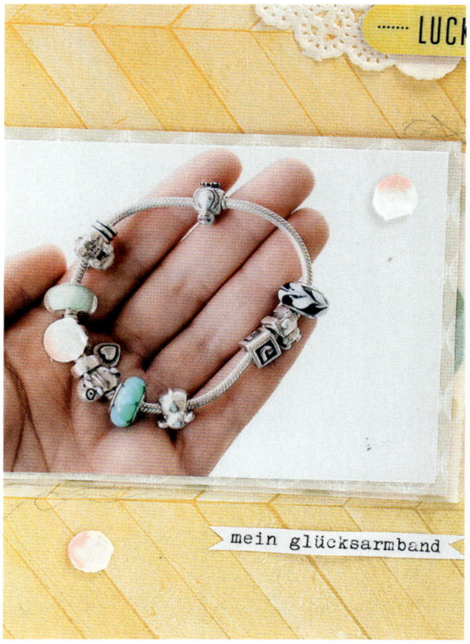

Materiales

- Cartulina
- Papel con dibujo
- Alfabeto adhesivo
- Pegatinas
- Papel crespón
- Hilo
- Papel con filigranas
- Polvo de gofrado
- Troquelados
- Pétalos
- Sello de estampar
- Pintura en spray
- Pintura
- Etiqueta
- Cuentas semiesféricas
- Bolsita de papel pergamino
- Sacabocados
- Pegamento
- Fotografía
- Tijeras
- Hilo
- Máquina de coser
- Secador de gofrado
- Masking Tape
- Lápiz
- Tinta de gofrado
- Máquina de escribir

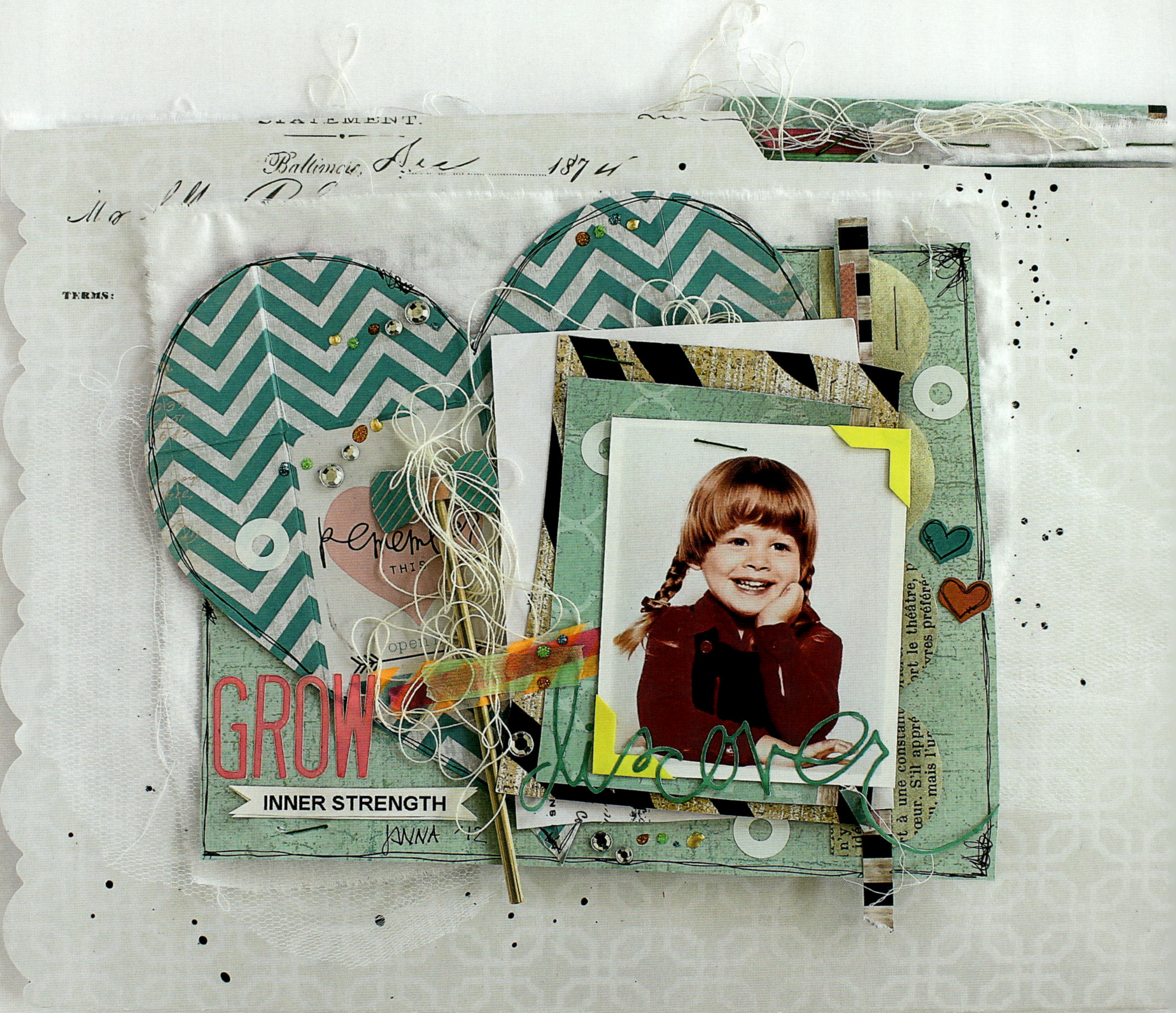

STATEMENT.
TERMS:
GROW
INNER STRENGTH
discover

Crecer

Una visión más amplia

Existen archivadores especiales para realizar scrapbooking. Se venden con diferentes diseños y tamaños. Pero se puede utilizar un archivador normal, decorándolo con papeles y/o con colores. No importa la variante que elijamos, los archivadores son una opción fantástica para realizar mini álbumes.

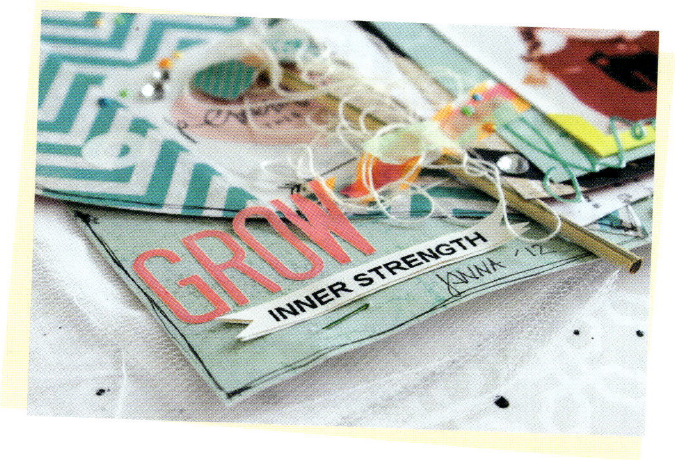

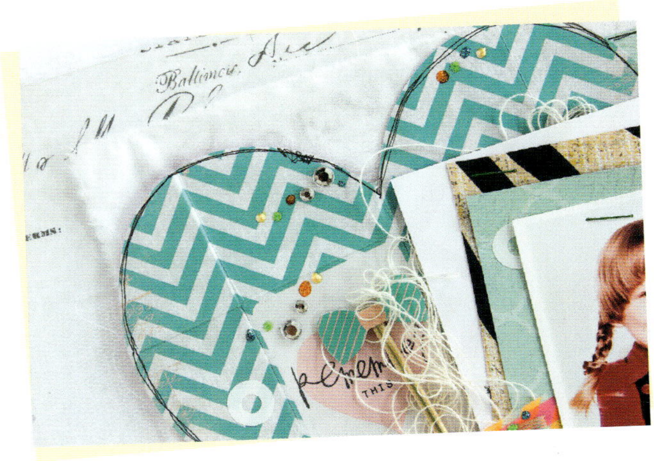

Realización de la cubierta

El archivador elegido para este proyecto (de 29,5 de ancho y 22,5 de alto aprox.) está compuesto por cartulina revestida parcialmente. Esta se puede colorear, tiñendo las áreas no revestidas y creando así un dibujo. En este caso se ha dejado la cartulina en blanco para que se transparente el dibujo de las áreas revestidas.

Para realzar un poco el fondo, diluir pintura acrílica negra con agua y aplicar un salpicado con el pincel en la página frontal. Una vez seco el color, aplicar las siguientes capas.

Recortar un trozo de lino de 20 cm de ancho y 17 cm de alto. Desgarrar la tela y dejar los hilos colgando, para crear un efecto más suelto en la cubierta.

Fijar tul sobre la tela de lino. La pieza de tul puede ser un poco más pequeña, pero en algunas zonas debe sobresalir sobre el lino, para proporcionar más profundidad a la página.

Añadir, sobre la superposición de telas, papeles estampados de distintos tamaños y un corazón. Colocar las capas un poco desplazadas, para dar dinamismo a la página. Pegar una fotografía en el papel con dibujo superior y decorarla con cantoneras y grapas.

Como la fotografía está colocada en el lado derecho, conviene crear un contrapeso para equilibrar la página. Esto se consigue con el pequeño lazo y el hilo fijados en el palillo junto a la fotografía. Y lo mismo sucede con el título del álbum. El subtítulo "inner strength" se realiza con una etiquetadora Dymo® o con una máquina de escribir y luego se recorta en forma de banderín.

Por último, realzar la página frontal por medio de piedras brillantes y pegatinas con purpurina, dispuestas en un semicírculo imaginario. ⇢

Crecer

Páginas interiores

La parte interior del archivador tiene mucho espacio para notas manuscritas y fotografías. La composición puede realizarse en una mitad, como en este caso, o en la doble página completa.

Fijar una tira de Masking Tape en el centro del archivador, justo sobre el pliegue, para separar visualmente las dos mitades. Al colocar la tira de Masking Tape directamente sobre la zona de doblez, conviene fijarla con pegamento añadido para que no se desprenda.

Pegar en la página izquierda una superposición de papeles estampados de diferentes tamaños y diseño, ligeramente desplazados unos sobre otros. En los cantos exteriores de esta área se pueden fijar guirnaldas. En este caso se han pegado en los bordes izquierdo e inferior una guirnalda con triángulos y otra con semicírculos. Adornar la fotografía con cantoneras y grapas; luego pegar debajo una tela de lino y un marco, para que resalte del fondo. Añadir grapas en todas las fotografías (en la parte frontal y en la interior) para unir visualmente las fotografías colocadas lejos.

Antes de escribir en la página, conviene fijar todos los adornos (hilo, pegatinas, corazones) o añadir algunos realces con piedras brillantes para rellenar eventuales huecos.

Es importante decorar los lados de las fotografías de forma equilibrada, aplicando las reglas de composición para obtener un diseño armónico (tercera regla, atraer la mirada). Esto es aplicable para cada página por separado y para la doble página como unidad. Las dos páginas juntas han de crear al final una totalidad armónica.

La composición de la página derecha se realiza como la de la izquierda. Para proporcionar más dinamismo a la doble página y conseguir un contrapeso con la página izquierda, la fotografía se fija ahora en el área inferior.

Añadir el journaling en las dos páginas y crear realces mediante pegamento con purpurina, manchas de color, cuentas, refuerzos de agujeros y piedras brillantes. Por último, decorar el borde derecho de la doble página con trozos de papel con dibujo, Masking Tape, tela de lino, hilo y grapas.

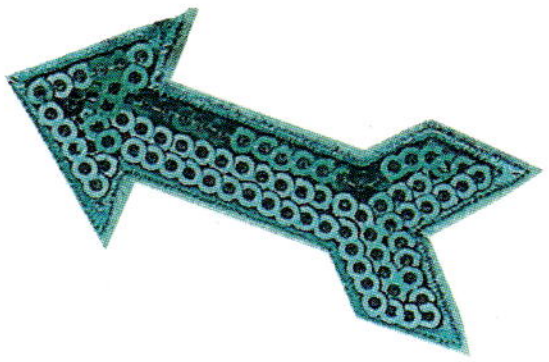

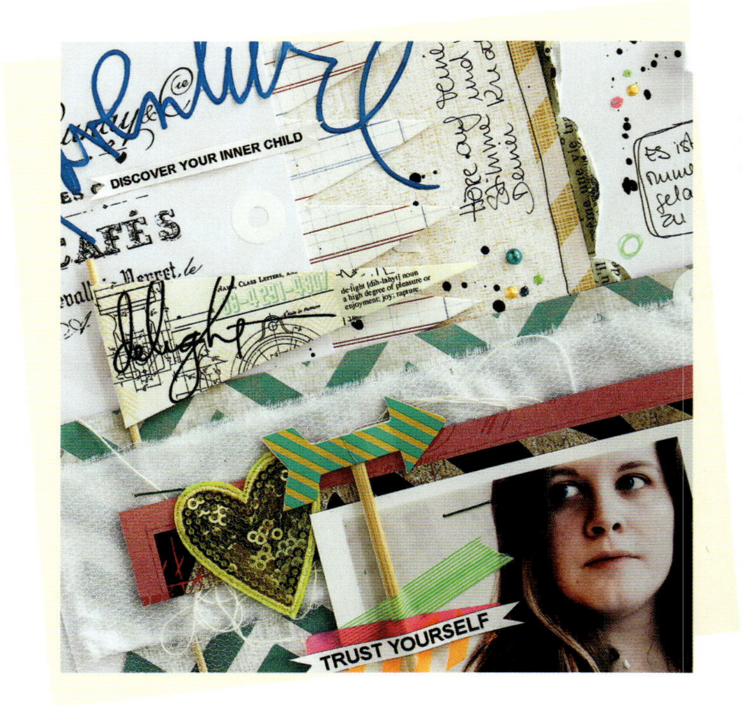

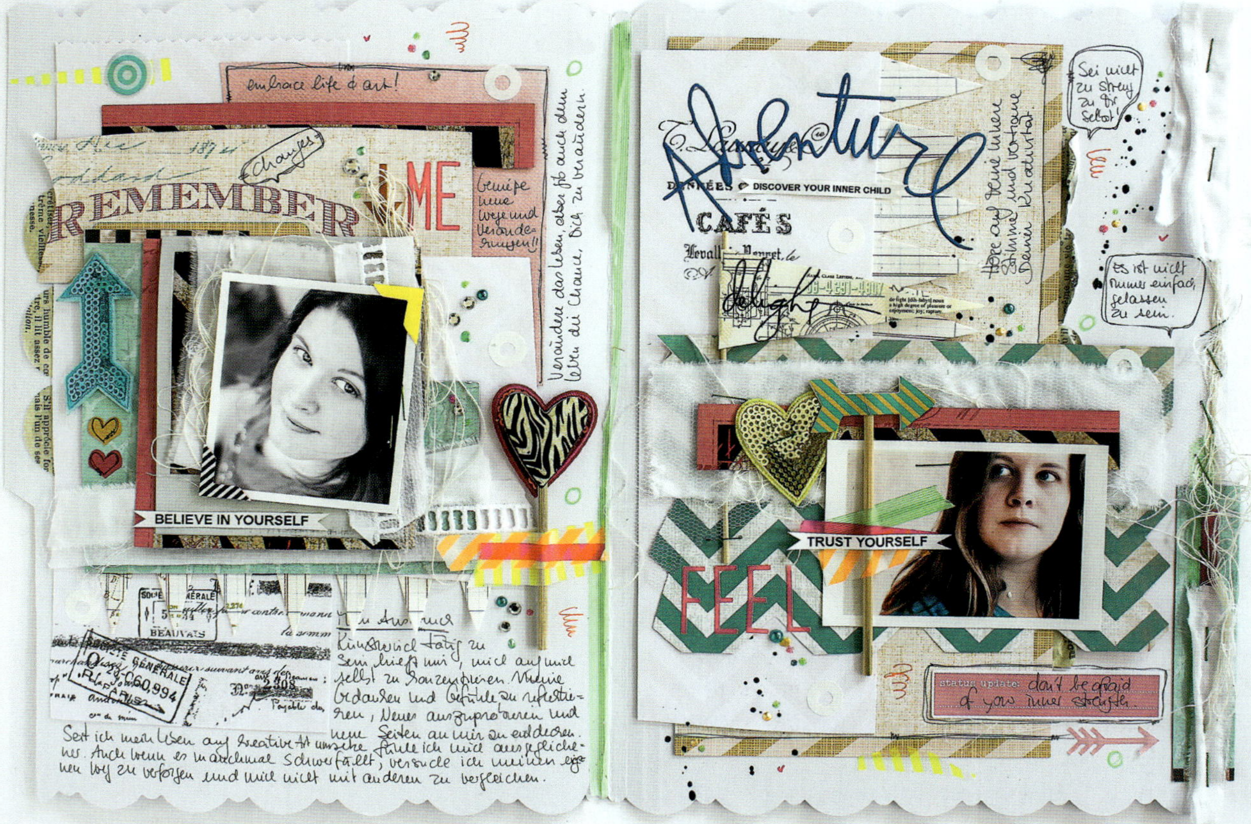

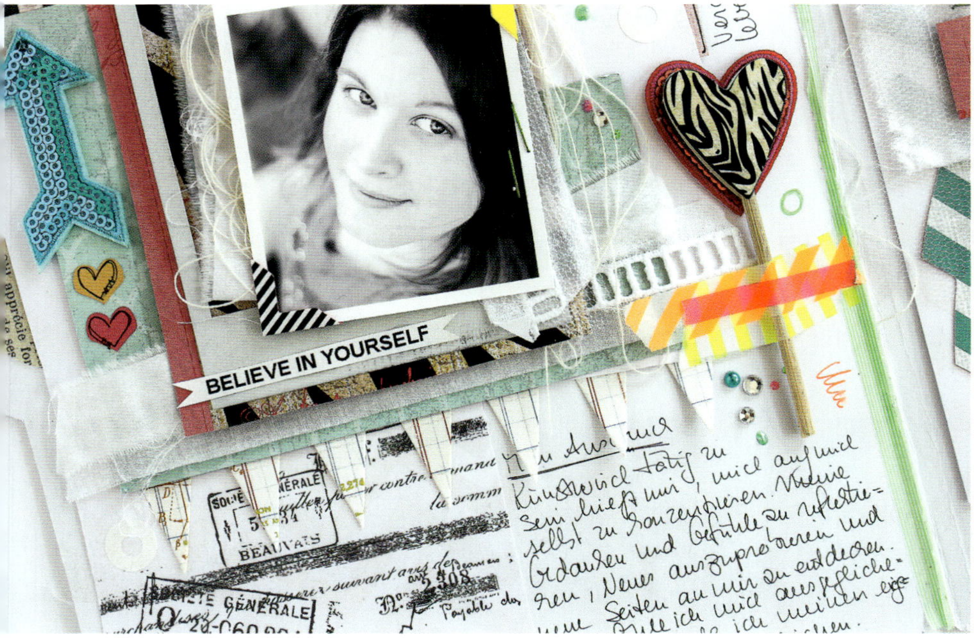

Materiales

- Archivador
- Tela de lino y tul
- Hilo
- Grapadora
- Fotografías
- Tijeras
- Pegamento caliente
- Piedras brillantes
- Refuerzos de agujeros
- Pegatinas
- Rotuladores
- Alfabeto adhesivo
- Pegamento con purpurina
- Papel con dibujo
- Masking Tape
- Pintura acrílica
- Guirnaldas
- Banderín
- Memorabilia
- Etiquetadora Dymo®

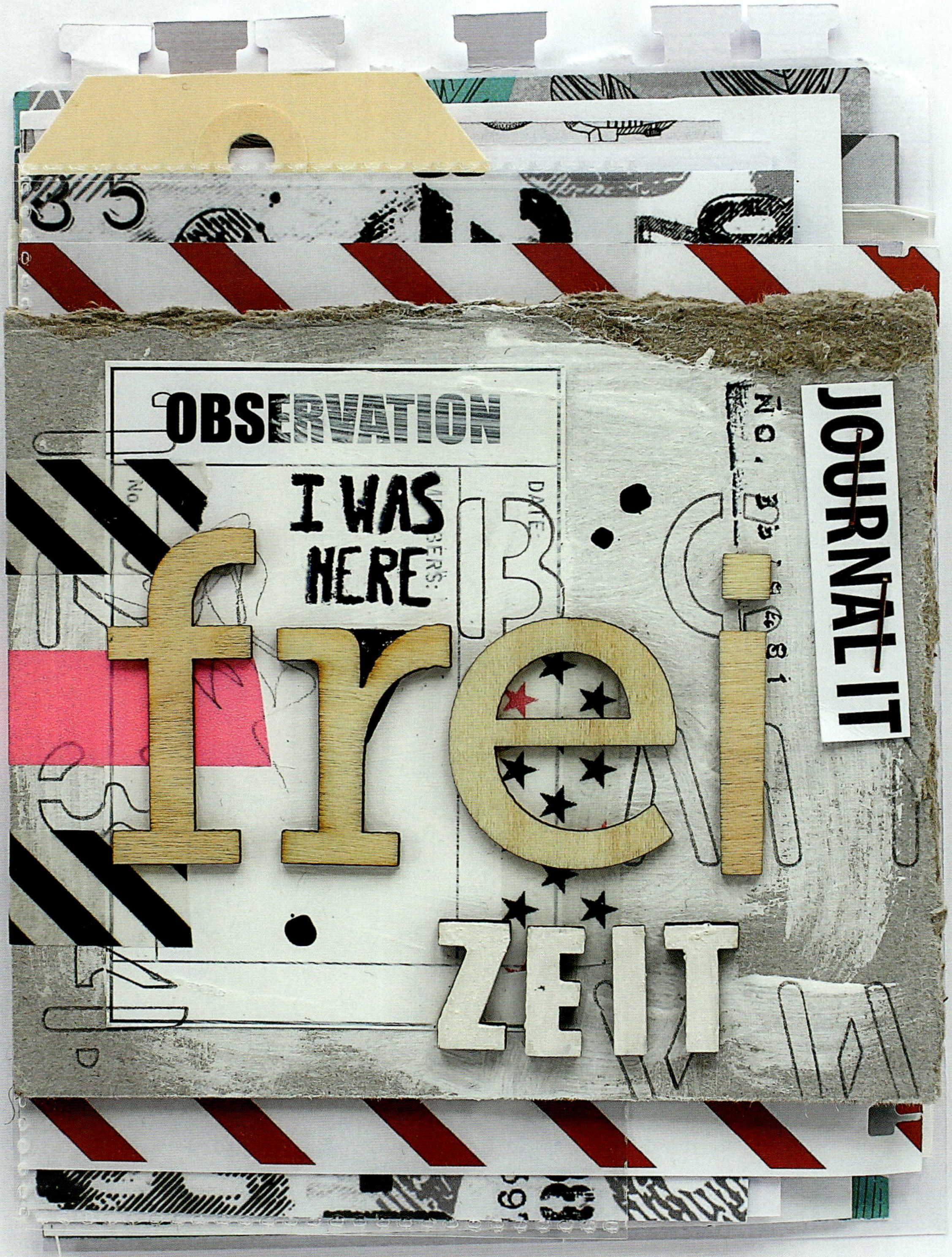
OBSERVATION
I WAS HERE
frei
ZEIT
JOURNAL IT

Tiempo libre

Para los mejores momentos de la vida

El armazón base de los mini álbumes no tiene por qué ser siempre lujoso. Con un par de papeles y un poco de Masking Tape se puede realizar un álbum de forma rápida y sencilla. Esta variante es perfecta para empezar el diseño del álbum en plenas vacaciones.

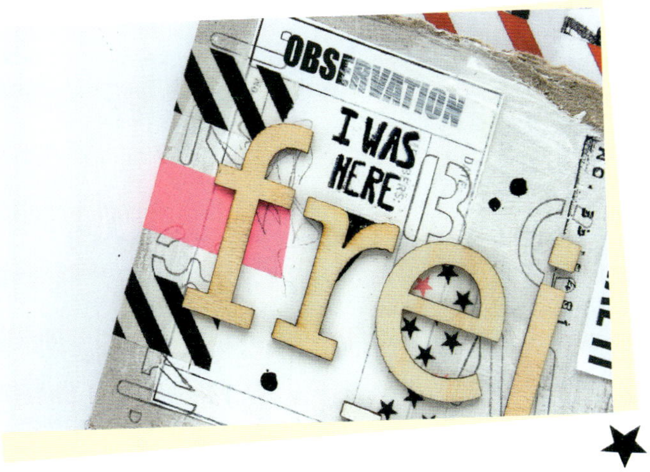

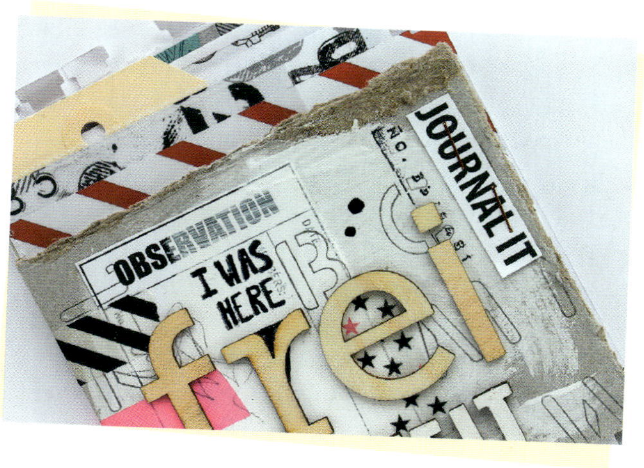

Realización de la cubierta

Este mini álbum con encuadernación pegada con Masking Tape es rápido de realizar. Se ordenan en la secuencia deseada papeles, etiquetas, bolsitas, fundas y sobres de diferentes grosores y se pega todo junto. La página más pequeña del álbum mide 5,5 x 13 cm y la más grande 12 x 15,5 cm (ancho x alto). Embellecer algunos de los papeles con la troqueladora o las tijeras de contornos. En este caso se ha utilizado una perforadora con dibujo de anillas. La cubierta se compone de un cartón de 0,2 cm de grosor, recortado o desgarrado de una pieza más grande. Si se desgarra, se crea un "look descuidado", que realza el aspecto final de composición hecha al azar. Otra alternativa es recortar el cartón y raspar los bordes con las tijeras.

A continuación, se disponen las páginas una junto a otra y se unen con una o varias tiras de Masking Tape.

El cartón que formará la cubierta del álbum se puede embellecer antes o después de realizar la encuadernación. Aplicar primero una capa irregular de gesso con una tarjeta de crédito sobre el cartón. Extender el gesso en horizontal y verticalmente. Pegar un trozo de papel en el lado izquierdo. Lo adecuado es un papel con un diseño discreto para que luego el título se vea bien. Cubrir también el papel con un poco de gesso. Una vez seca la capa de gesso, dibujar las letras y los números con un lápiz y una plantilla. Después aplicar un salpicado de color y estampar con el sello. Fijar otro trozo de papel con grapas en el borde derecho, eligiendo un color claro para no desviar la atención del título.

Antes de fijar el título, pegar Masking Tape en el lomo del álbum. En caso necesario, pegar Masking Tape también sobre la misma cubierta. Las letras del título son de madera y pueden conservar su color natural, como aquí la palabra "frei" ("libre" en español), o pintarse de color blanco, como la palabra "zeit" ("tiempo" en español). ⟶

Tiempo libre

Páginas interiores

La doble página abierta del mini álbum tiene a la izquierda una ficha de registro como base y a la derecha una bolsita de papel pergamino. Se aprecia en el centro la encuadernación con Masking Tape. Aplicar primero en ambos lados una fina capa irregular de gesso y secar después con el secador.

A continuación, aplicar a la izquierda estampaciones con el sello y un salpicado de color. Mientras se secan, recortar las páginas impresas y las hojas de calendario. Se pueden utilizar también otros papeles pequeños, como tiques de estacionamiento o entradas. Pegarlos superpuestos en la página izquierda, ligeramente solapados. Añadir más salpicado de color, motivos estampados y tiras de Masking Tape en diferentes secuencias cromáticas. Los colores pueden no ser armónicos, para resaltar la tensión de la página y crear un efecto más interesante. Recortar la solapa de un sobre y fijarla en la página izquierda. Aplicar el pegamento solo en el borde derecho de la solapa, para que quede ligeramente levantada y dé la impresión de que se puede abrir.

Otra alternativa es fijar la solapa del sobre con Masking Tape, como se ve en otras páginas. Embellecer la solapa con una etiqueta, cosida previamente. La moneda de 10 céntimos va dentro de una pequeña funda de plástico, que se puede pegar con pegamento normal o caliente. Se recomienda fijar también la moneda con pegamento para evitar que se mueva o se salga fuera.

El título está formado por letras adhesivas y un par de pequeñas tiras escritas a máquina. Para rematar, añadir algunas grapas en los bordes derecho e izquierdo.

Colocar en la mitad superior de la página derecha una fotografía de 7 cm de alto y 9 cm de ancho, adornada con grapas y superpuesta sobre varias capas de papeles estampados. Escribir el texto de la fotografía con un rotulador indeleble.

Fijar el título en la mitad inferior de la página derecha. En este caso, está formado por un número adhesivo, letras de madera y un motivo estampado.

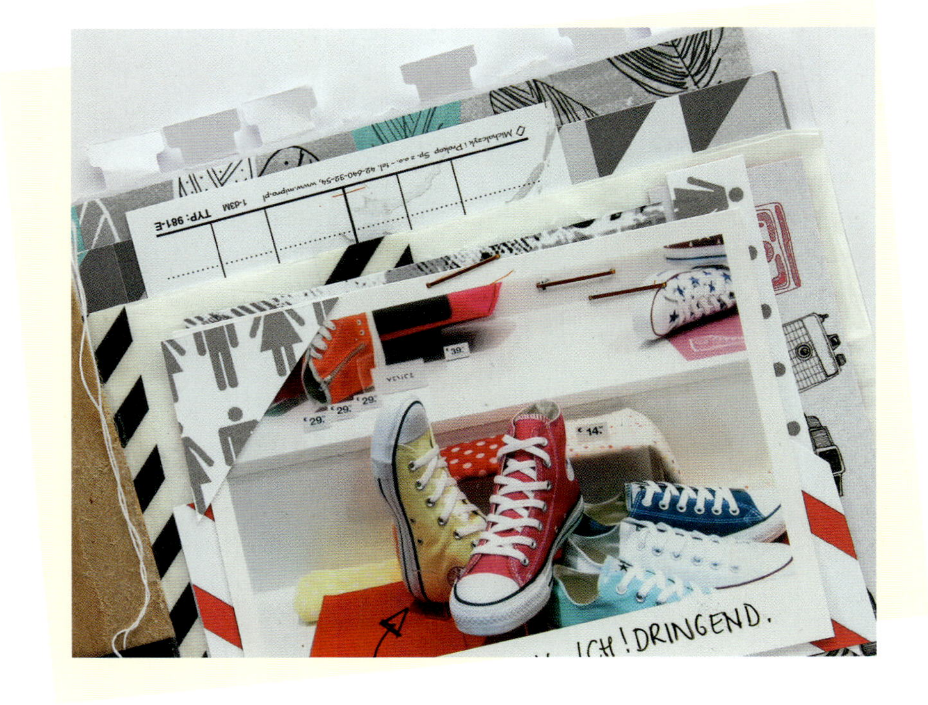

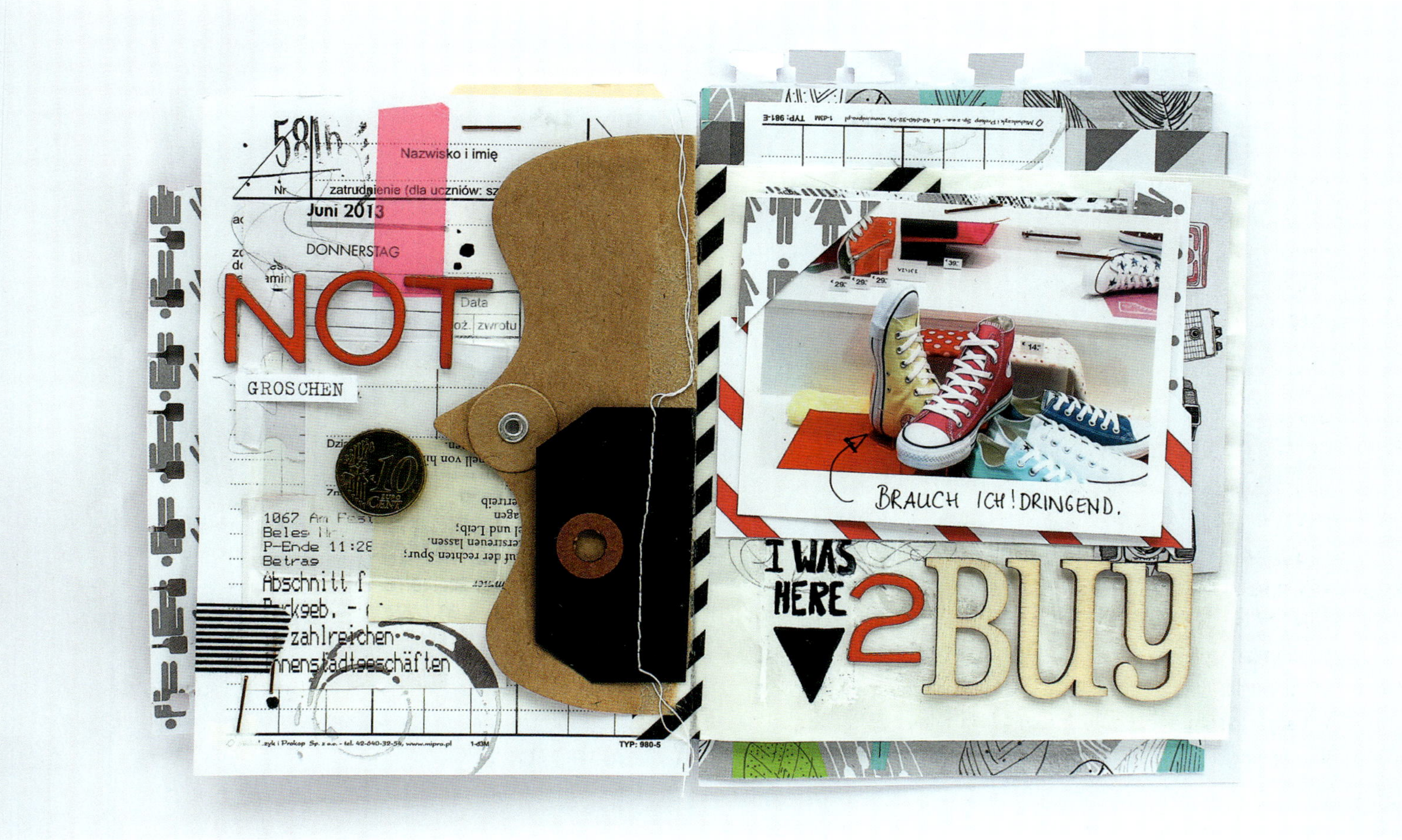

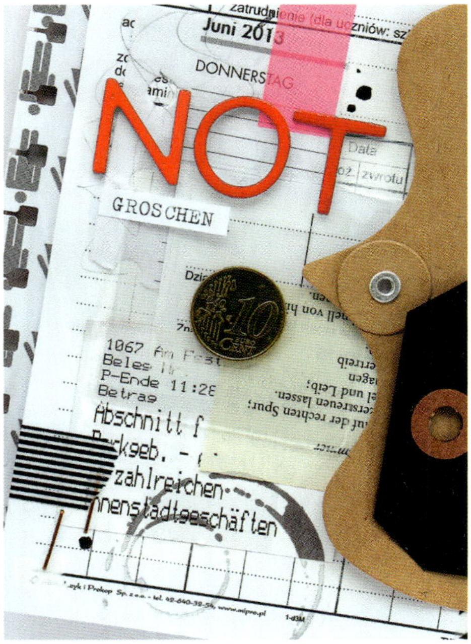

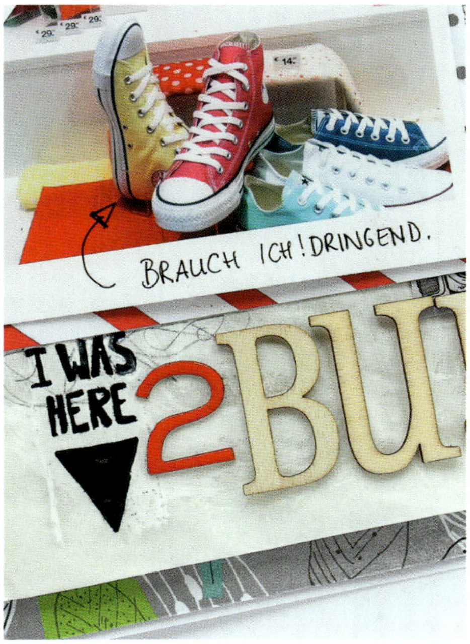

Materiales

- Cartulina
- Papel con dibujo
- Ficha de registro
- Alfabeto adhesivo
- Sello de estampar
- Troqueladora
- Funda protectora
- Elementos de madera
- Gesso
- Etiqueta
- Tinta
- Sobre
- Bolsita de papel pergamino
- Masking Tape
- Fotografía
- Pegamento
- Tijeras
- Plantillas
- Lápiz
- Grapadora
- Máquina de coser
- Hilo
- Hoja de calendario
- Máquina de escribir
- Página impresa
- Secador
- Rotulador indeleble

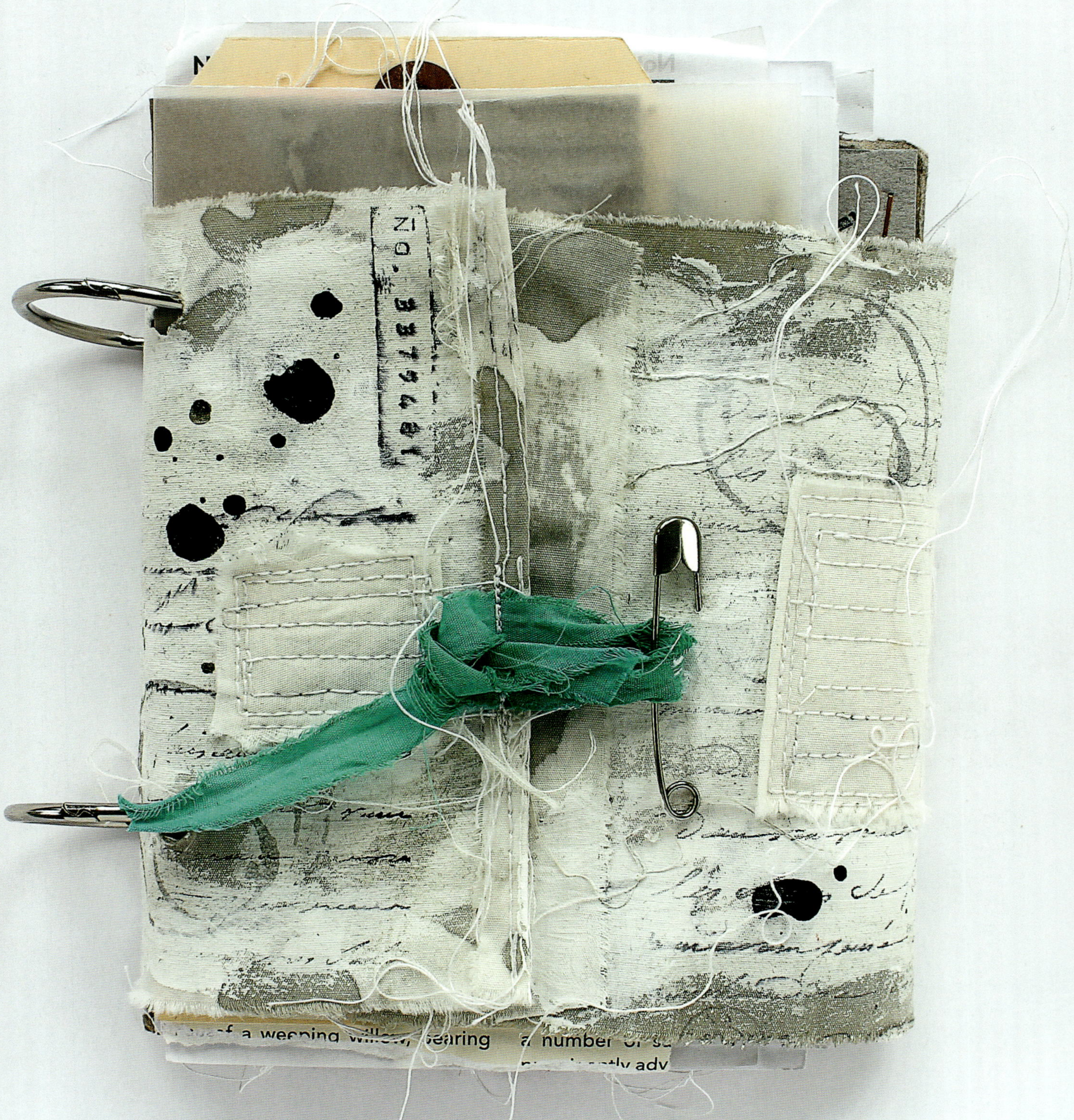
No. 3376749
a weeping willow, bearing
a number

Estilo grunge

Para una composición a voluntad

La encuadernación de álbumes con anillas permite añadir y extraer las páginas a voluntad. Por así decirlo, el álbum puede crecer.

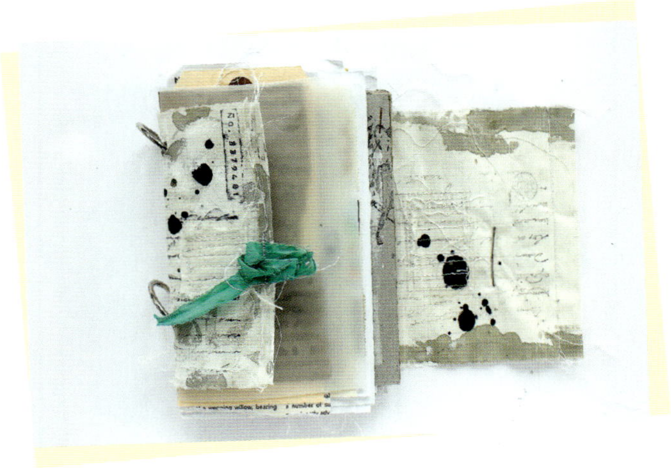

Realización de la cubierta

Las anillas utilizadas para encuadernar este álbum tienen un diámetro aproximado de 3 cm. La página interior más pequeña mide unos 8 x 12 cm, la página más alta 11 x 16 cm (ancho x alto) y la página más ancha 12 cm. El montaje de las páginas se realiza armonizando los colores. Para ello se pueden incluir sobres de cartas, cartón, papel (estampado), etiquetas, hojas de calendario, fichas de registro, páginas impresas, tarjetas o cartón ondulado.

La página superior, que va directamente detrás de la cubierta protectora, es de papel de pergamino. Se transparenta por detrás el cartón ondulado, que queda mitigado por la composición lechosa del papel pergamino. El papel pergamino se puede decorar con un título o un texto manuscrito.

La cubierta artesanal protege las páginas exteriores del álbum. Para realizar la cubierta, recortar un trozo de lino claro, de 32 cm de ancho y 13 cm de alto. Luego desflecar a mano la tela para conseguir darle el estilo grunge. No cortar los hilos que sobresalen. Aplicar gesso con una vieja tarjeta de crédito o un trozo de cartón sobre la tela, dejando algunas áreas sin cubrir. Secar la pintura con el secador.

Una vez seco el gesso, rociar sobre la tela color tierra en spray. Después distribuir el color con un paño húmedo sobre el lino. La pintura en spray es absorbida por aquellas zonas de la tela no recubiertas de gesso. Ya que la mayoría de la pintura en spray no suele ser impermeable al agua, conviene aplicar un fijador en spray sobre la tela después de aplicar el color. Se puede utilizar también laca para el pelo. Si se seca después la tela con el secador, su composición varía y se vuelve más compacta, con una textura un poco parecida al plástico.

Tras las aplicaciones de gesso y color en spray, se realiza un salpicado con pincel y pintura acrílica. La pintura acrílica, una vez seca, es impermeable al agua, por lo que no se precisa fijador. Después añadir estampaciones con el sello con tinta resistente al agua y coser remiendos.

Antes de fijar el cierre, envolver el álbum con la tira de lino y marcar con lápiz las zonas donde van insertadas las anillas. Luego perforar dos agujeros contiguos, en las áreas superior e inferior de la cubierta de lino; la distancia entre los agujeros depende del diámetro de las anillas. Para conseguir crear el estilo grunge, los agujeros no se cosen ni se rematan con ojetes; pueden dejarse desflecados tranquilamente.

Coser una tira de lino teñida con spray en el borde izquierdo de la cubierta. Fijar un imperdible en el borde derecho de la cubierta y enfilar a través de él la tira de lino teñida. Para abrir el álbum, simplemente se abre el imperdible y se extrae la lazada de lino. ⟶

Estilo grunge

Páginas interiores

La parte interior del álbum ofrece una gran variedad de posibilidades decorativas. Por ejemplo, se pueden añadir fotografías en páginas interiores separadas y decorarlas con un título, tal como se muestra aquí.

La fotografía fijada en la página izquierda va pegada sobre un fondo de papel, embellecido con un texto manuscrito. La fotografía se realza con Masking Tape y un clip con forma de flecha.

La fotografía de la página derecha va pegada sobre un trozo de cartón decorado previamente. Para ello, se ha distribuido gesso sobre el cartón con una vieja tarjeta de crédito. La aplicación puede ser tanto vertical como horizontal, para proporcionar a la página el estilo grunge.

Aplicar un salpicado de pintura acrílica con un pincel, sobre el gesso seco. Una vez secas las manchas de color, añadir estampaciones con el sello en los bordes derecho e izquierdo del cartón. Pegar la fotografía en el borde izquierdo y adornar con grapas la parte derecha del cartón.

Para crear un espacio interesante entre las dos fotografías, archivar en las anillas una funda de plástico pequeña. Se pueden guardar dentro de la bolsa tiques o pequeños recuerdos, o rellenar también con lentejuelas y confeti.

Para evitar que las pequeñas piezas se salgan de la bolsita al transportar el álbum, se cose esta a máquina. Los hilos de la costura decorativa se dejan colgando, para resaltar el estilo grunge del álbum.

El confeti es muy fácil de obtener: simplemente se utilizan los restos de los agujeros perforados en las páginas del álbum.

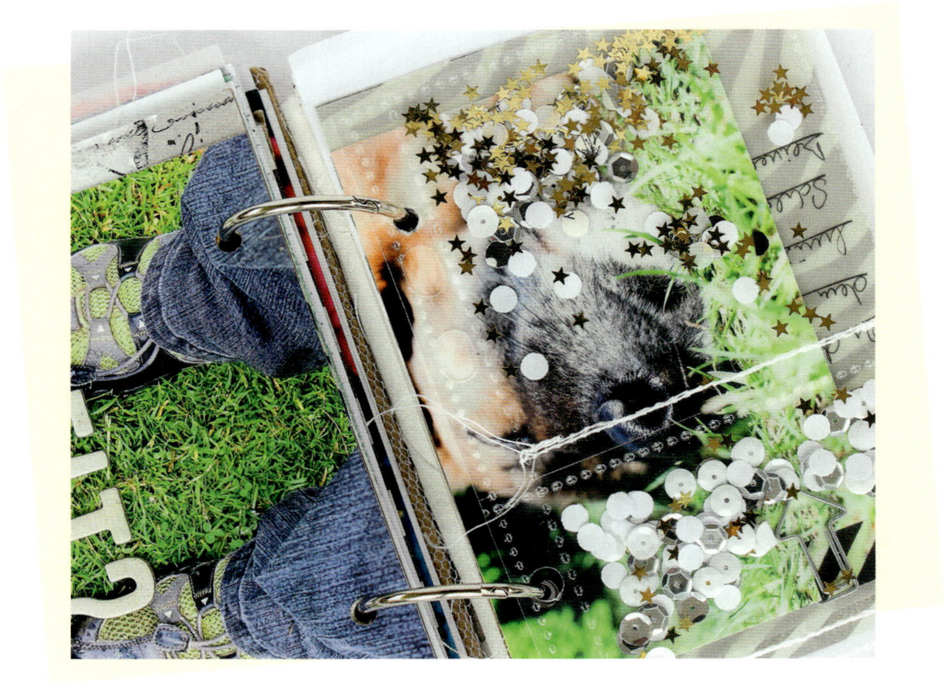

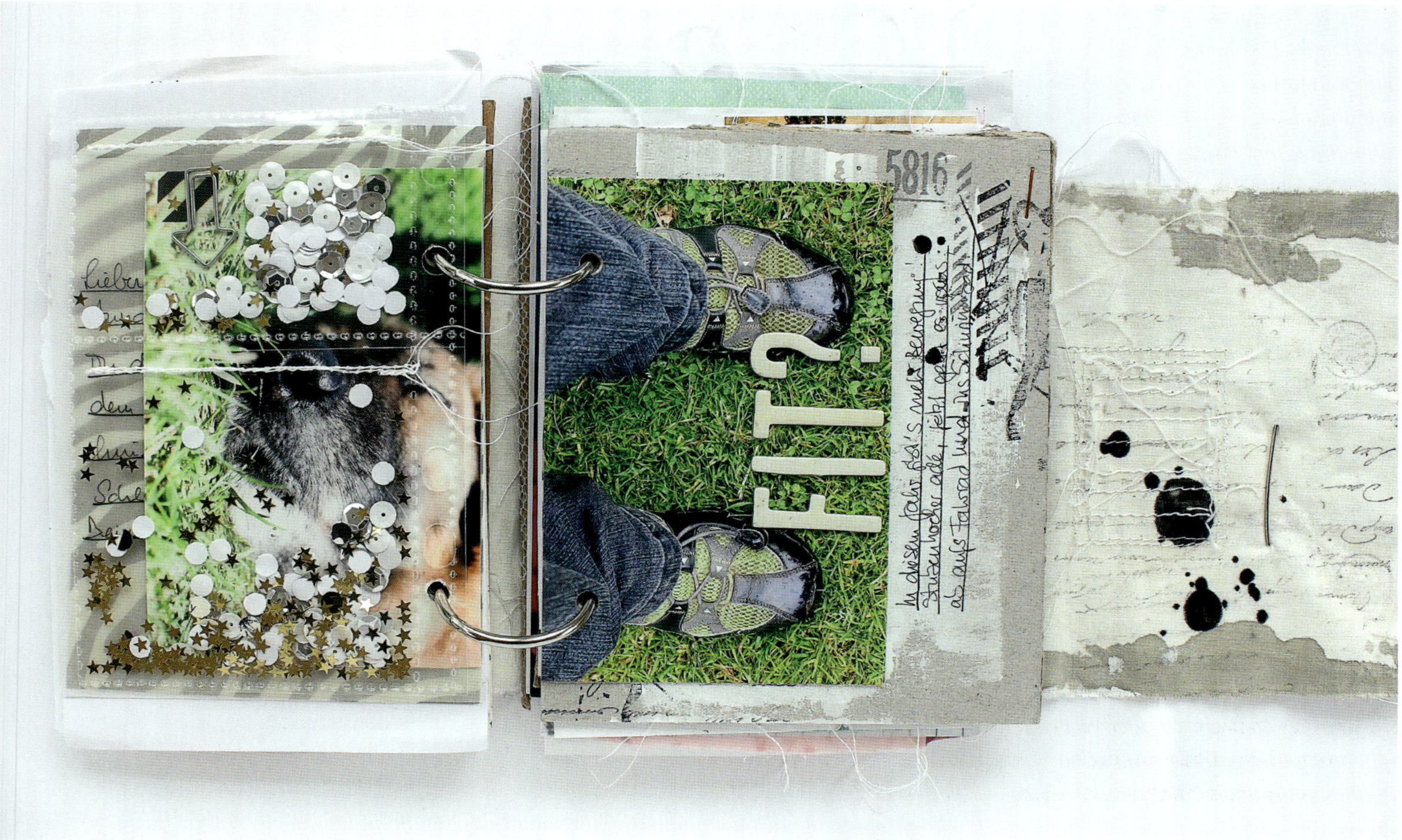

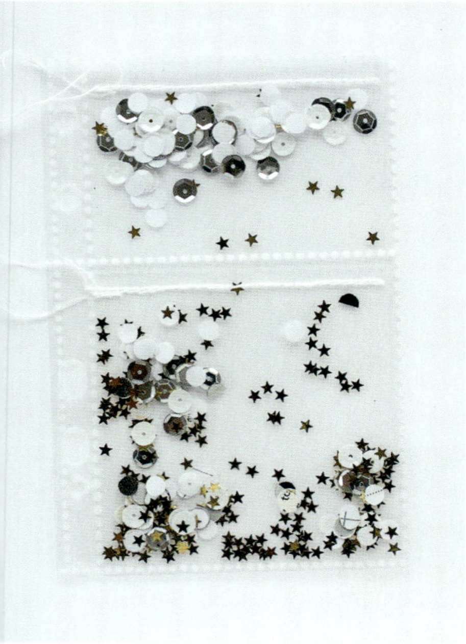

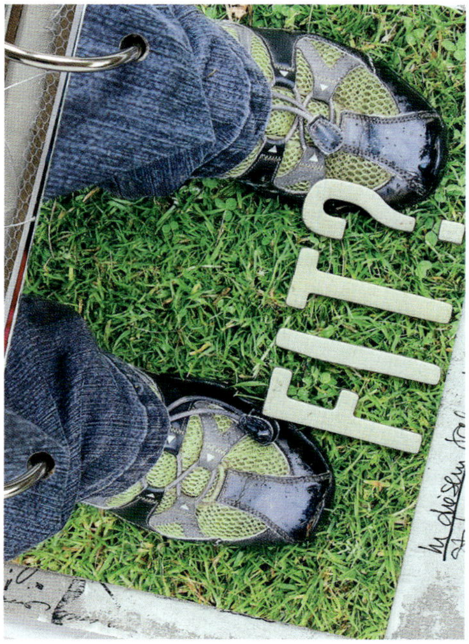

Materiales

- Papel con dibujo
- Alfabeto adhesivo
- Gesso
- Etiqueta
- Sello de estampar
- Pintura en spray
- Tinta
- Clip
- Papel pergamino
- Tela de lino
- Imperdible
- Tijeras
- Pegamento
- Hilo
- Máquina de escribir
- Trozos de tela (por ej. tul)
- Sacabocados
- Secador
- Pincel, pintura acrílica
- Paño
- Fotografía
- Confeti
- Rotulador
- Masking Tape
- Funda de plástico
- Lentejuelas
- Grapadora
- Anillas de encuadernar
- Ficha de datos

Mixed media

Todo es posible cuando se trabaja con mixed media. Como ya indica su nombre, se utilizan los materiales más diversos para realizar obras artísticas en un abrir y cerrar de ojos, con materiales clásicos de manualidades, medios cromáticos y objetos cotidianos. Pero también se aplican materiales sobrantes como cartón ondulado, láminas de plástico o restos de periódicos. Este proceso se denomina upcycling, que consiste en la fabricación de un producto nuevo y valioso a partir de reciclar materiales u objetos inservibles.

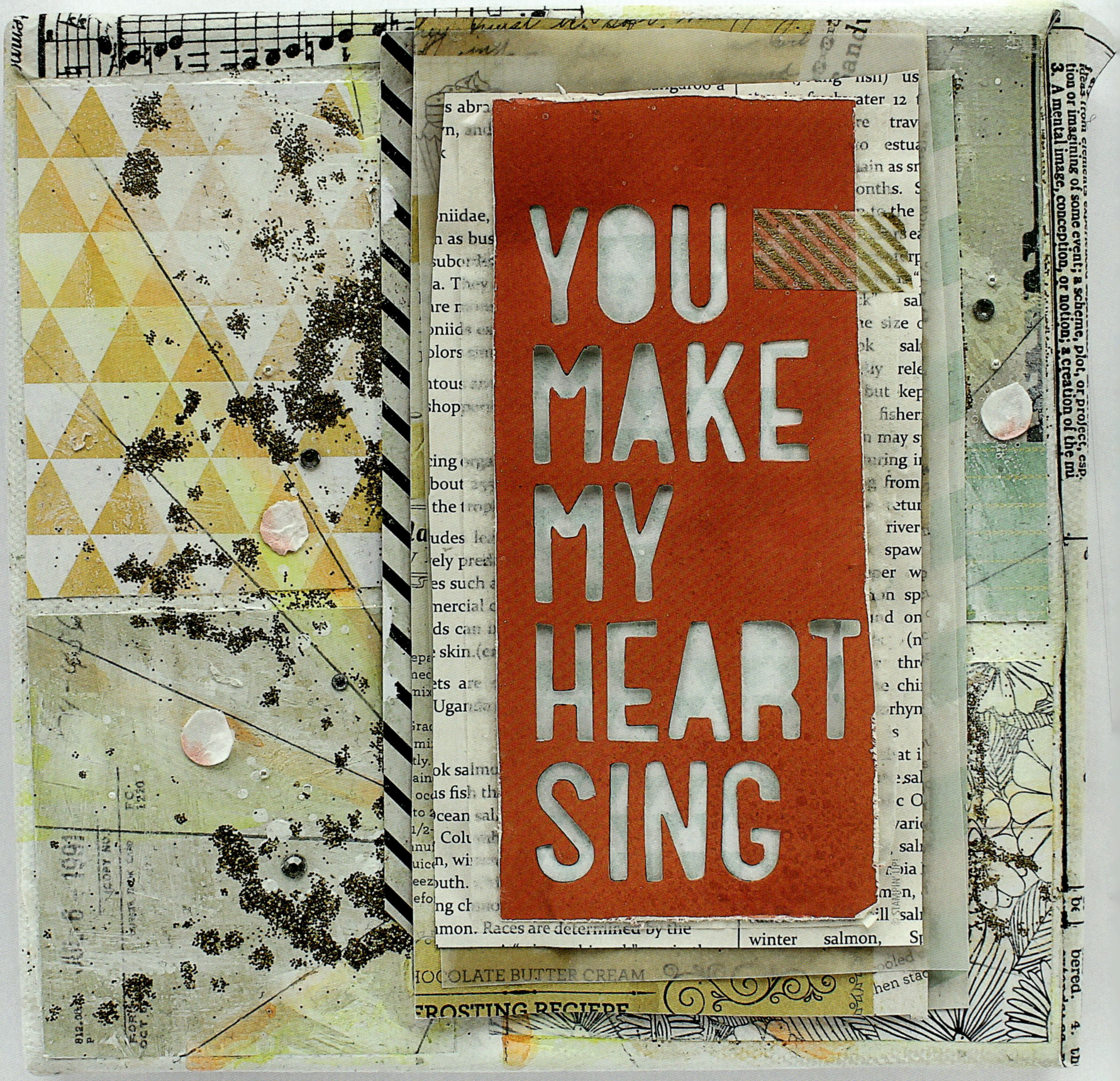
YOU MAKE MY HEART SING

Alegras mi corazón

Porque la vida es bella

Los lienzos de mixed media se decoran de muchas maneras. Una característica especial en casi todos ellos es que se trabajan a partir de una superposición de capas diferentes. Estas capas pueden estar compuestas de papeles, objetos o colores. A menudo se mezclan distintos elementos y texturas, para proporcionar relieve y dimensión a la obra. De este modo se genera una composición rica en contrastes.

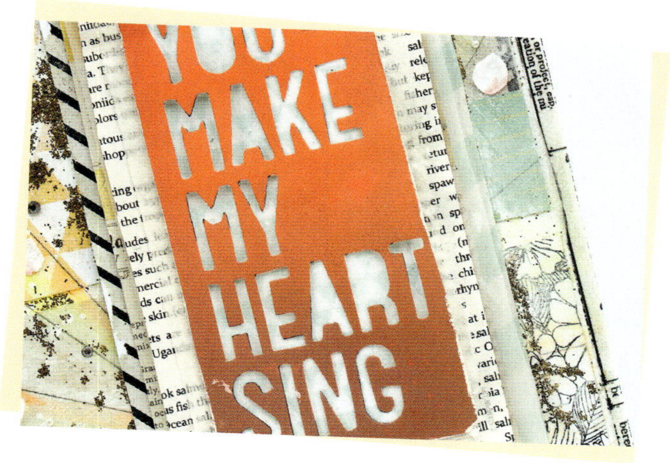

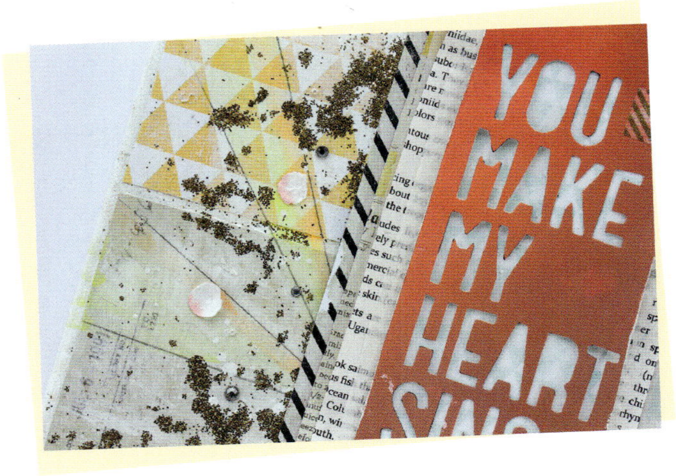

El lienzo de este mixed media se compone de varias capas de color y papel. La base la constituye un lienzo de unos 20 x 20 cm. Como en este caso no se aplica el color directamente sobre el lienzo, no se ha utilizado el gesso como base. En vez de eso, se recortan papeles de diferentes tamaños.

El diseño y el color de los papeles varían, pero deben crear una bonita imagen de conjunto. Los colores o dibujos parecidos, por ejemplo con diseños geométricos, crean combinaciones geniales.

Raspar las esquinas de los papeles con unas tijeras o papel de lija. En vez de fijarlos con pegamento normal, utilizar pegamento de découpage: primero aplicar una capa de pegamento de découpage sobre el lienzo, luego colocar los papeles dejando un poco de distancia entre ellos y presionar bien. Después aplicar otra capa de pegamento sobre los papeles. Dependiendo del tipo de pegamento de découpage utilizado, el lienzo obtiene un aspecto brillante o mate.

Secar el pegamento con un secador. Si el secador se acerca mucho a la capa de découpage, pueden formarse burbujas que proporcionan textura a la superficie. Este efecto se puede aplicar a propósito para obtener un cuadro más interesante.

Para restar intensidad a los papeles estampados, rociarlos con pintura blanca en spray y luego extender el color con un paño húmedo. La ventaja del spray es que es más transparente que el gesso. Los dibujos y colores de los papeles siguen viéndose, pero un poco más suavizados. Aplicar fijador en spray sobre la capa de color. Esto evita que el color se active en cuanto caiga agua sobre el lienzo. ⟶

Alegras mi corazón

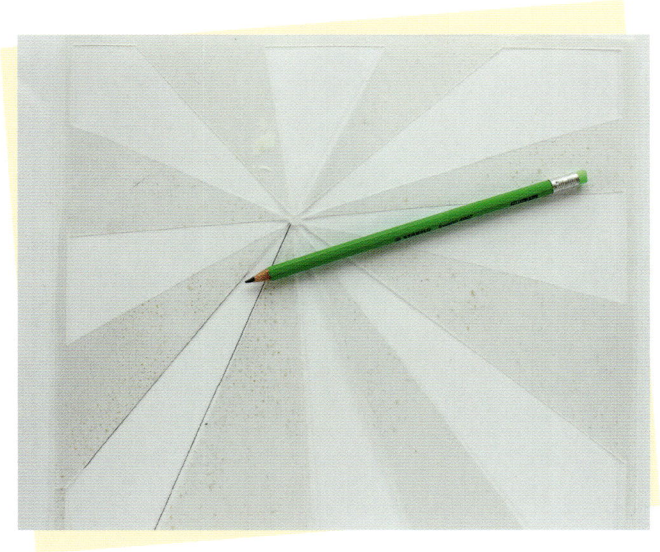

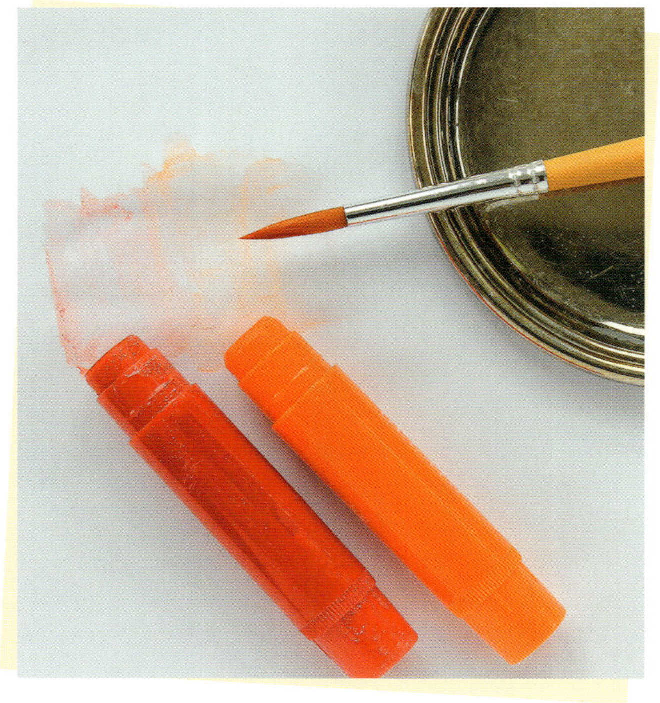

Colocar una plantilla sobre el lienzo seco. En este caso se ha utilizado una plantilla con rayos de sol. Dibujar la forma con un lápiz y luego pintarla con pintura hidrosoluble. La aplicación de color debe quedar tenue para que el fondo no compita con las capas superiores.

Para crear más profundidad, colorear los rayos primero con un color claro y luego parcialmente con un color más oscuro. Si la aplicación de color resulta demasiado intensa, volver a aplicar otra capa de spray sobre el lienzo.

En el paso siguiente se realiza un salpicado de pintura acrílica. El movimiento del pincel al sacudirlo sobre el lienzo, determina la forma de las gotas. Secar la última capa con el secador de gofrado.

Antes de colocar la capa superior de papel, aplicar la purpurina. Mezclar pegamento líquido con agua hasta obtener una pasta homogénea no demasiado fina. Salpicar esta mezcla con un pincel sobre el lienzo. A continuación, espolvorear purpurina en polvo sobre todo el lienzo. Sacudir la purpurina sobrante sobre un papel y volver a guardarla después en el paquete. Las partículas de purpurina quedan adheridas en la mezcla de pegamento diluido en agua. Las gotas se pueden modelar con el extremo del pincel. Si las capas de color anteriores no están secas del todo, las partículas de purpurina se adhieren también en ellas. Por ello es importante espolvorear la purpurina sobre bases secas. La mezcla de pegamento con purpurina se puede secar con el secador o al aire libre.

Recortar cuatro papeles de diferente grosor para el título del lienzo. Fijar los papeles superpuestos, pero sin que queden completamente pegados, por ejemplo aplicando solo una franja ancha de pegamento en el centro.

De este modo los bordes laterales se realzan, como si los papeles simplemente estuvieran superpuestos. Fijar detrás del troquelado superior un trozo de papel pergamino para que el texto se vea mejor. Aplicar una capa fina de spray brillante sobre el troquelado y fijar en un lado un trozo de tira de Masking Tape dorada a rayas. Decorar los bordes del lienzo también con Masking Tape. Se puede embellecer después todo el borde exterior aplicando color, pero también queda bonito con motivos estampados con un sello.

Las piedras brillantes y los pétalos, a derecha e izquierda del título, aportan ligereza y encanto a todo el conjunto.

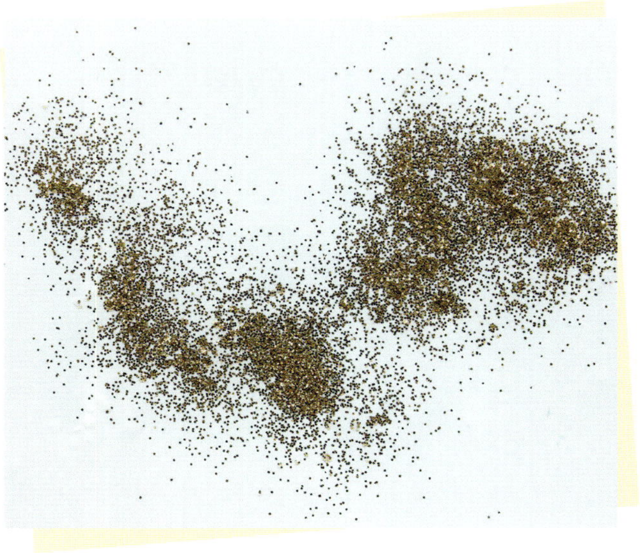

Materiales

- Lienzo, de 20 x 20 cm
- Papel con dibujo
- Papel pergamino
- Piedras brillantes
- Cuentas
- Pétalos de rosa
- Papel crespón
- Troquelado
- Purpurina
- Pintura en spray
- Pegamento
- Pegamento de découpage
- Pincel
- Agua
- Pintura hidrosoluble
- Masking Tape
- Secador de gofrado

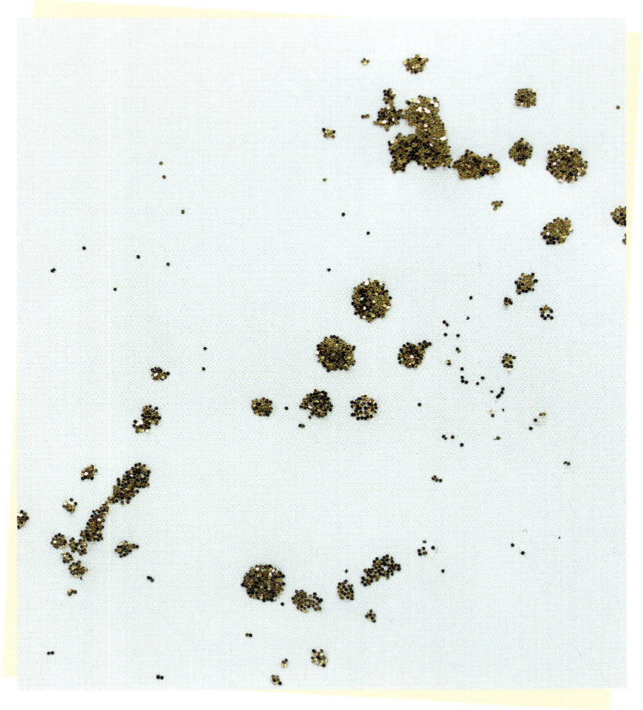

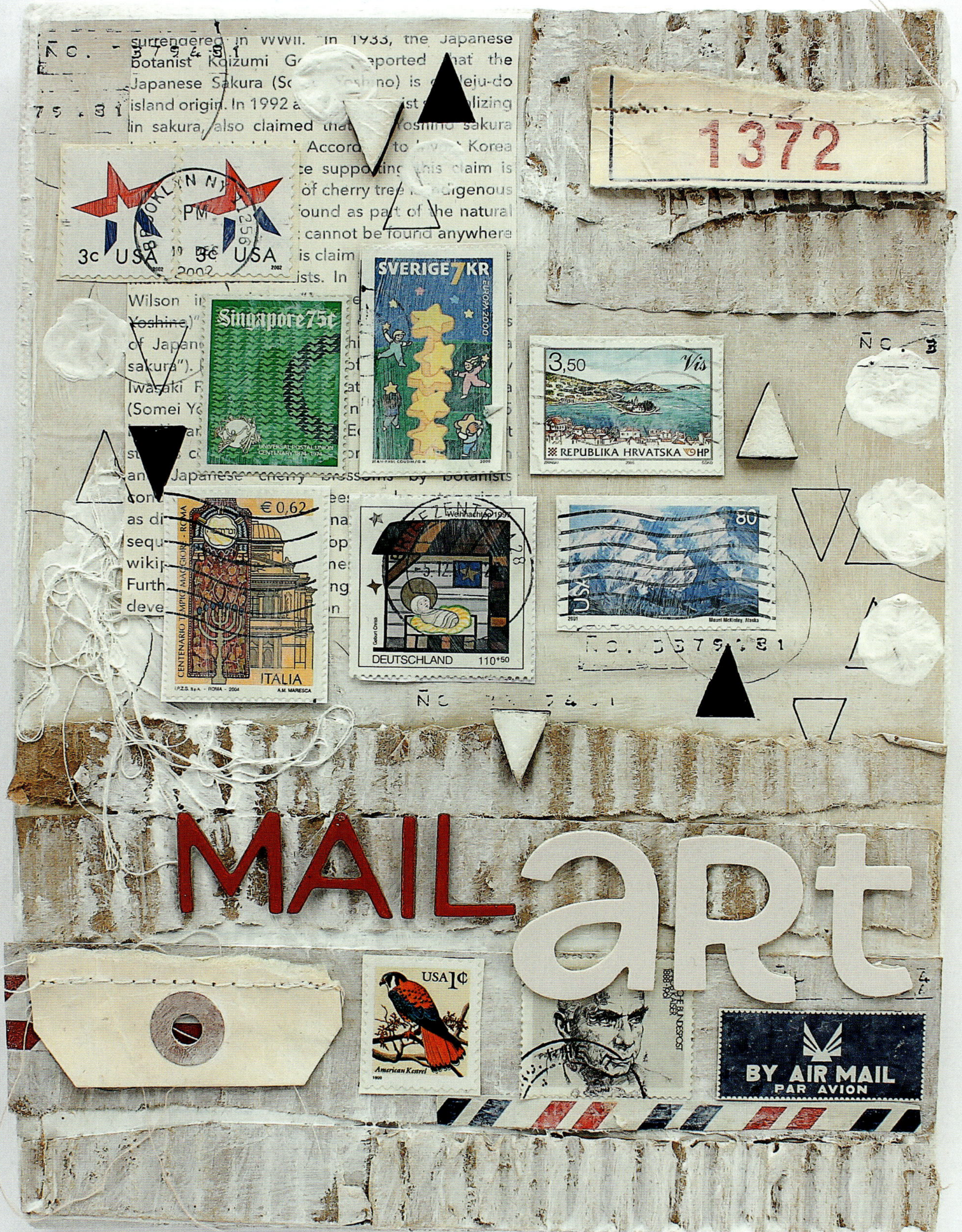

1372
MAIL art
BY AIR MAIL
PAR AVION
SVERIGE 7 KR
Singapore 75c
REPUBLIKA HRVATSKA
ITALIA
DEUTSCHLAND
USA 1¢
American Kestrel

Arte postal

Porque se puede pegar el mundo entero sobre un lienzo

Los lienzos de mixed media se realizan de manera fácil y económica. Junto a los materiales tradicionales como pintura y papel, se usan objetos frecuentes en cualquier hogar o materiales de reciclado. Es habitual descubrir a los aficionados a esta técnica guardando cosas en vez de tirarlas a la basura. Nunca se sabe si se reutilizarán para un proyecto.

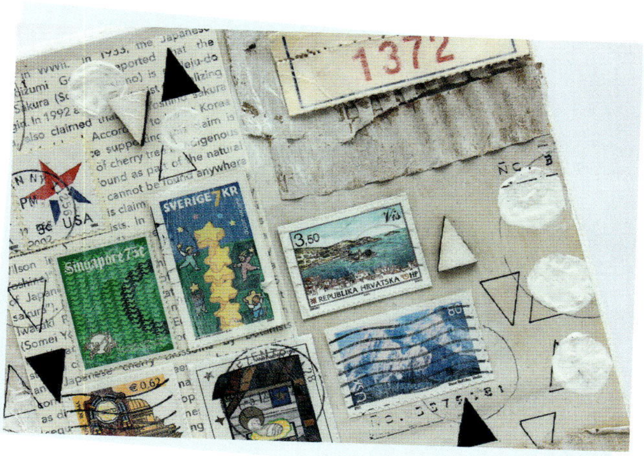

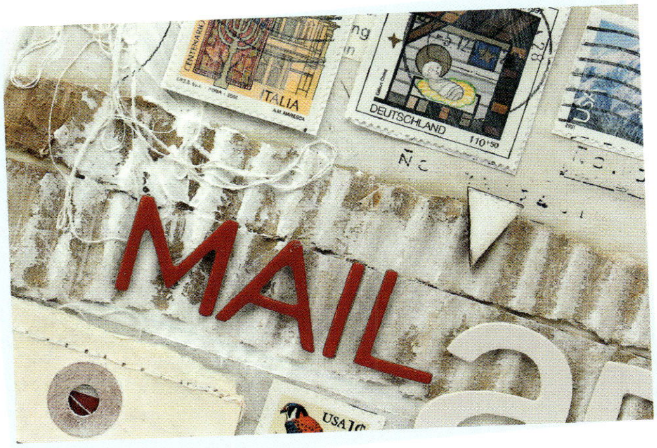

Este lienzo de 17,5 cm de ancho y 24 cm de alto se trabaja colocado a lo alto. Primero se recortan diferentes papeles de distintos tamaños para el fondo.

Ya que se quiere proporcionar al lienzo un estilo un tanto desgastado, conviene elegir papeles blancos o neutros para el fondo, con un diseño no demasiado llamativo.

Pegar los papeles sobre el lienzo recubierto con una aplicación de pegamento de découpage. Luego aplicar otra capa de pegamento de découpage sobre los papeles. Para lograr un secado rápido, puede utilizarse un secador de gofrado.

Aplicar una fina capa de gesso con un rodillo. El rodillo deja una capa ligera sobre el lienzo. Si en vez del rodillo se utiliza una vieja tarjeta de crédito, se obtiene una capa más gruesa.

Preparar el cartón ondulado mientras se seca el gesso. Recortar o desgarrar un cartón ondulado en trozos pequeños. Para dejar al descubierto el dibujo ondulado del cartón, retirar la capa superior clavando en las acanaladuras unas tijeras pequeñas o de uñas.

Fijar los trozos de cartón en las áreas superior e inferior del lienzo con pegamento normal o de découpage. Aplicar gesso con un pincel sobre el cartón ondulado para suavizar la intensidad del color. También puede utilizarse pintura acrílica o spray en vez de gesso. ⟶

Arte postal

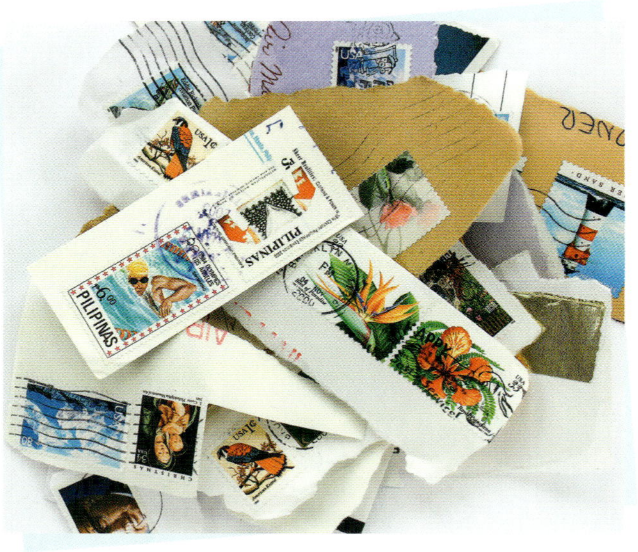

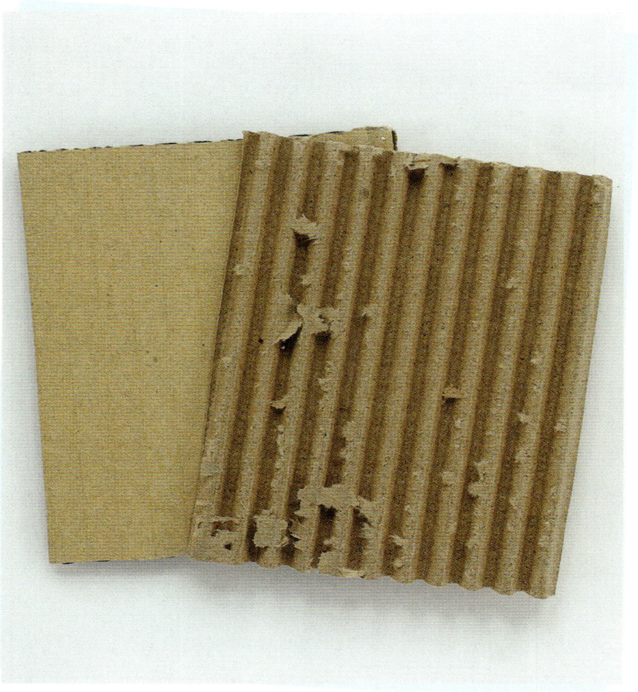

Una vez seco el color, se puede seguir trabajando con rotuladores y plantillas. Dibujar con lápiz círculos de diferentes tamaños. Luego dibujar triángulos con un rotulador negro resistente al agua. Trazar los triángulos con la punta dirigida hacia arriba y hacia abajo, para proporcionar más dinamismo al cuadro completo. Colorear algunos triángulos y dejar otros solo contorneados.

La siguiente capa se trabaja con pasta para texturas y plástico de burbujas. Aplicar con un pincel pasta abundante sobre el plástico con burbujas. Luego presionar el plástico en algunas zonas del lienzo. Secar todo con un secador de gofrado. Cuanto más gruesa sea la capa de pasta aplicada, más acentuado será el relieve obtenido una vez seca la pasta.

Pegar sellos postales de diferentes tamaños en el centro y en el área inferior del lienzo. Se recomienda mezclar sellos con formato vertical y horizontal, para proporcionar un efecto más interesante al cuadro.

Añadir otros elementos decorativos, como estampaciones con sello, trozos de un sobre de correo aéreo, elementos de madera pintados de blanco y etiquetas desgarradas, cosidas previamente. Si se desea realzar las etiquetas, puede atenuarse el color con una capa de gesso. Conviene asegurar algunas piezas, como los elementos de madera, con pegamento caliente para evitar que se desprendan.

Fijar un hilo blanco en el lado izquierdo del lienzo, utilizando pintura en vez de pegamento. Colocar el hilo en la disposición deseada y aplicar encima la pintura con un pincel. Una vez seca, el hilo queda perfectamente unido al lienzo.

Para terminar, colocar el título en la mitad inferior. Volver a repetir colores, como en este caso el rojo y el blanco del sobre aéreo. Reforzar las letras adhesivas con pegamento añadido.

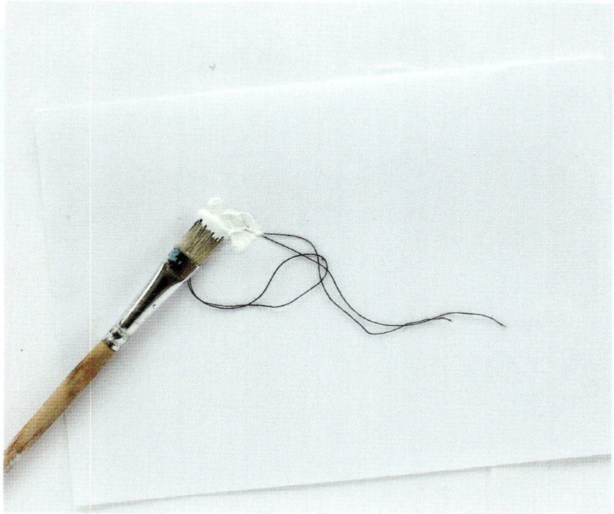

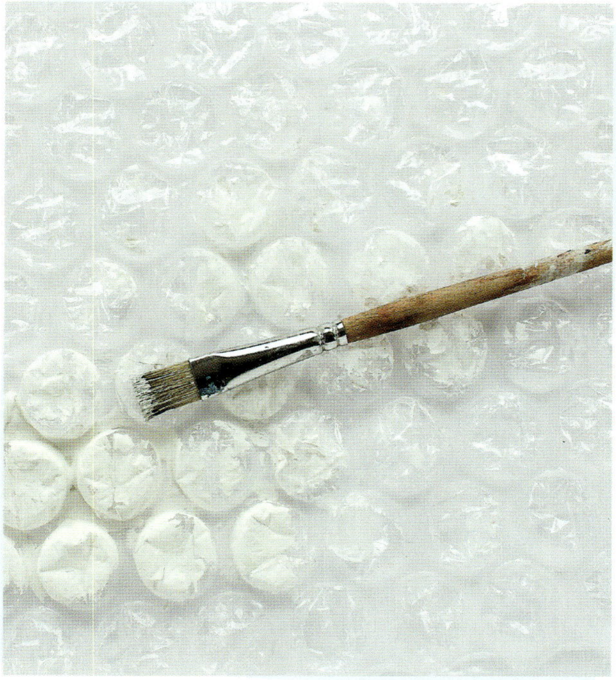

Materiales
- Lienzo, de 17,5 x 24 cm
- Papel con dibujo
- Alfabeto adhesivo
- Plantillas
- Gesso
- Sello de estampar, tinta
- Cartón ondulado
- Papeles usados
- Sellos postales
- Pegamento de découpage
- Pegamento, tijeras
- Máquina de coser
- Hilo
- Lápiz, rotulador
- Pegamento caliente
- Rodillo
- Pasta para texturas blanca
- Secador de gofrado
- Plástico de burbujas

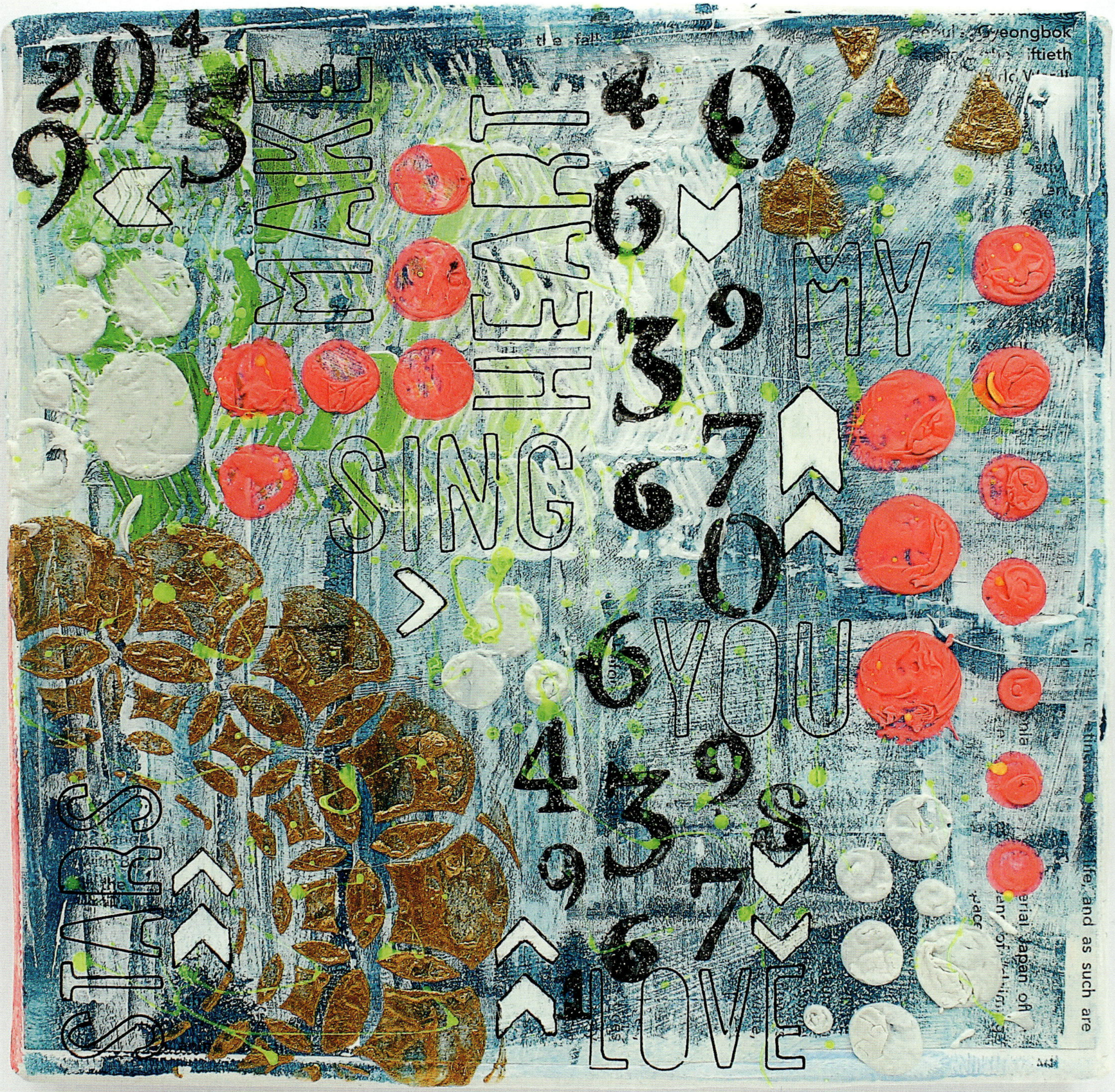
MAKE
MY
HEART
SING
YOU
STARS
LOVE

Como el neón

Porque a veces no hay suficiente colorido

Los amantes de los colores disfrutarán mucho en este proyecto, pintando, dibujando y realizando salpicados de color. Capa a capa se van aplicando los colores y los detalles a mano y con plantillas, hasta obtener al final un cuadro de alegre colorido y ricos contrastes, con realces en neón.

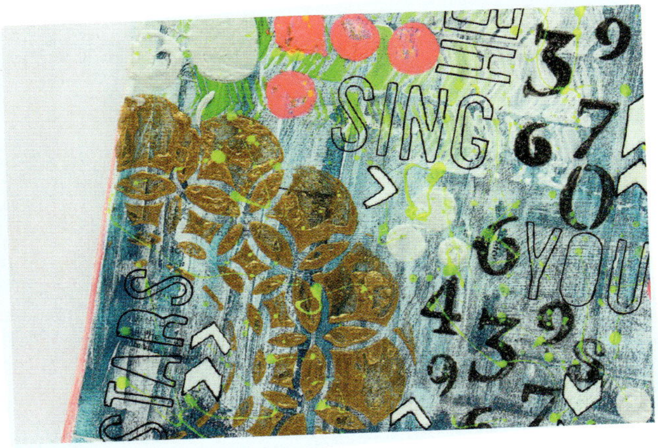

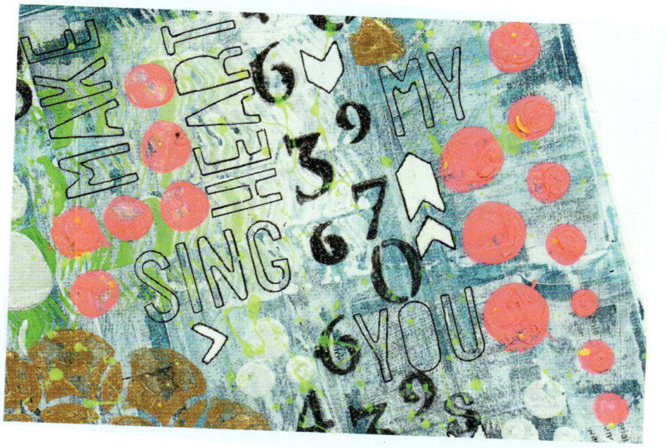

Primero se distribuye pegamento de découpage sobre el lienzo completo. Después se colocan papeles de diferentes tamaños cubriendo la superficie. Como luego se aplica encima una capa espesa de pintura, no es necesario que el diseño y el color de los papeles sean armónicos. En este caso los papeles solo sirven para crear relieves. Cuantas más capas de papel se añadan, más textura se proporciona al lienzo. Extender otra capa de pegamento de découpage sobre los papeles.

Una vez seco el pegamento de découpage, continuar trabajando con pintura acrílica. Aplicar un poco de pintura azul y extenderla bien con un rodillo, dejando sobre el papel una ligera textura.

Después de secar con el secador la capa de pintura azul, aplicar otra capa de acrílico blanco con el rodillo o con una vieja tarjeta de crédito. En vez de pintura acrílica, puede utilizarse también gesso.

Luego se aplican diferentes capas de color mediante plantillas. Para obtener un color satinado, no diluir el color con agua. Además, las formas realizadas con plantilla podrían emborronarse si la solución diluida fluye por debajo de la plantilla.

Pintar en el borde izquierdo un área de 10 x 10 cm, utilizando pintura acrílica verde y una plantilla con forma de flecha. Para trabajar más rápido, secar el color con el secador. Si este se acerca demasiado al color, se originan burbujas y se crea textura. ⤏

Como el neón

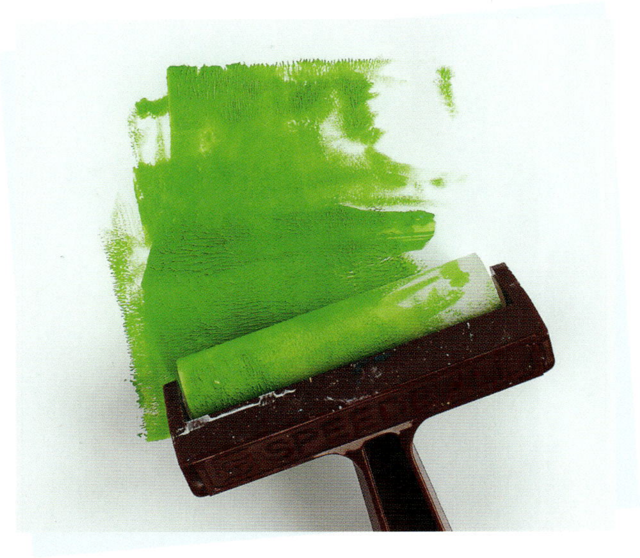

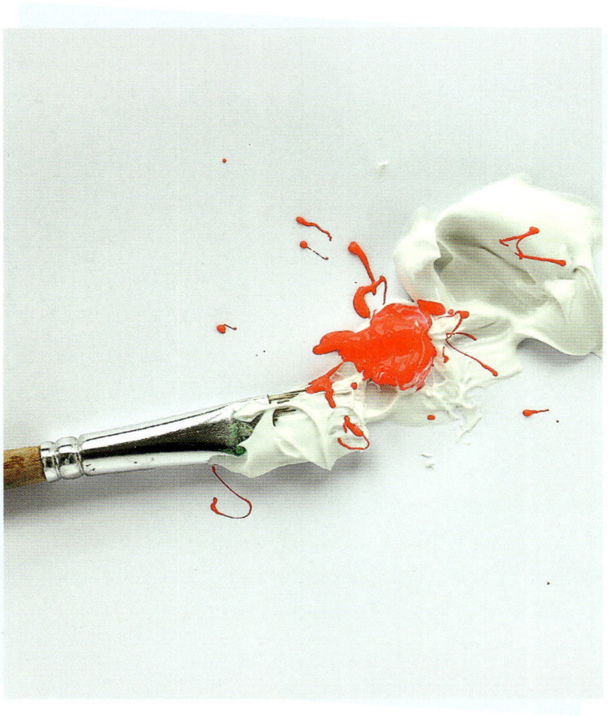

Realizar una mezcla de emplaste acrílico blanco y pintura de neón rosa. Luego aplicar una capa gruesa de la mezcla con una espátula sobre una plantilla de círculos. Cuanto más gruesa sea la aplicación, más textura se obtiene al final.

Si no se dispone de ninguna plantilla, recortar diferentes formas de un trozo de cartulina. Es fácil realizar plantillas reutilizables con un trozo de plástico grueso.

Estampar círculos sobre el lienzo presionando plástico de burbujas con pintura acrílica blanca. La regla general se repite: una aplicación de color más densa, proporciona más textura. Después, secar con el secador. Realizar una estampación con una plantilla con filigranas y pasta dorada para texturas en la esquina inferior izquierda. Pintar triángulos de diferentes tamaños, con los restos de color dorado del pincel, en la esquina superior derecha. Se pueden pintar a mano o con plantilla. En vez de una plantilla con filigranas se puede utilizar un tapete decorativo o un papel decorativo de pasteles. Los tapetes tejidos de ganchillo son perfectos también como plantillas.

Aplicar números con pasta decorativa con purpurina en las áreas central y superior del lienzo. La utilización de letras con color oscuro proporciona al cuadro más profundidad y dimensión. La purpurina suaviza un poco el contraste, creando una transición entre los elementos dorados de las áreas inferior izquierda y superior derecha.

Aplicar un salpicado de color neón sobre el lienzo. Al balancear el pincel, se obtienen manchas alargadas. Si se diluye con agua, el color neón se hace más fluido y resulta más fácil distribuirlo por el lienzo.

Escribir letras en horizontal y vertical con un rotulador negro sobre el lienzo. Son perfectos los rotuladores indelebles con colores intensos. Esta tinta, una vez seca, es resistente al agua. Las palabras solo se contornean, pues rellenarlas de color oscuro resultaría demasiado intenso, dando pesadez al lienzo.

Completar con flechas las zonas que parecen vacías, ya sea a mano o con una plantilla. Las formas y tamaños deben variar para proporcionar un efecto más interesante al cuadro. Rellenar las flechas con un rotulador blanco.

El borde exterior del lienzo se puede adornar también con color, ya sea cubriendo toda la superficie o solo parcialmente, como ocurre en este caso en el lado exterior izquierdo inferior.

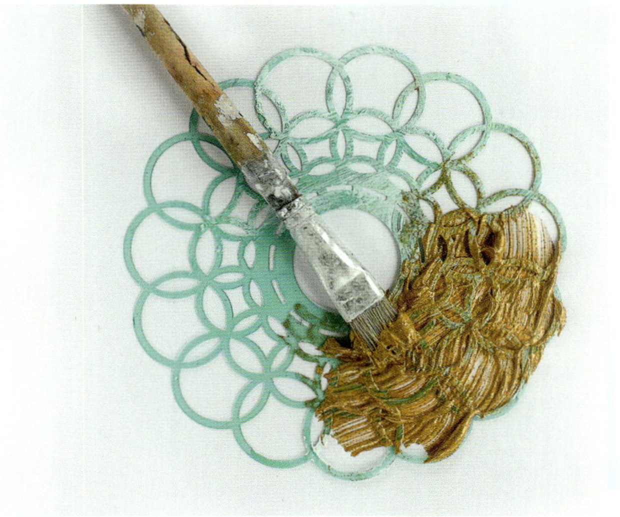

Materiales

- Lienzo, de 20 x 20 cm
- Papel con dibujo
- Pintura
- Gesso
- Plantillas
- Pegamento de découpage
- Pincel
- Espátula
- Paleta de pintor
- Cuenco con agua
- Delantal
- Emplaste acrílico
- Rotuladores
- Rodillo
- Paño húmedo
- Secador
- Plástico de burbujas
- Pasta dorada para texturas

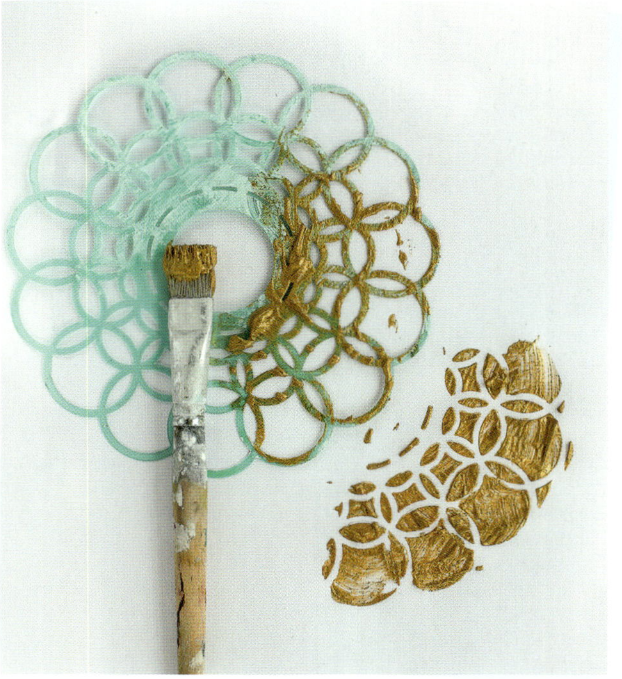

La autora

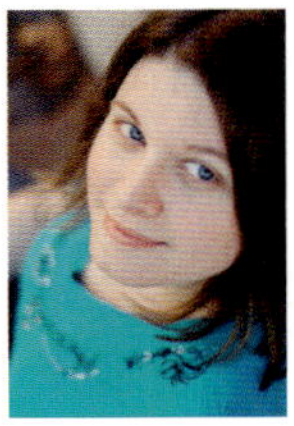

Janna Werner trabaja como artista, autora independiente y docente. Vive en el norte de Alemania con su esposo Jesper, su perro Sindri y los dos caniches Lily y Pauli.

Su afición por los trabajos con papel y mixed media se inició en 2010, cuando una amiga le familiarizó con el scrapbooking. Desde entonces trabaja con reconocidas empresas, revistas y artistas internacionales. Imparte cursos *on-line* y talleres en el ámbito europeo, en los que enseña a los participantes las técnicas de scrapbooking y mixed media. Los cursos *on-line* están disponibles a través de Etsy-Shop, en JannaWerner.etsy.com.

Puede encontrarse una muestra de sus trabajos en su blog: www.jannawerner.de
Se la puede localizar además en las siguientes plataformas de redes sociales:
Instagram, Pinterest: jannawerner
Facebook.com/jannawerner.de
Youtube.com/user/uchtelmuchtel

Agradecimientos
A mi marido, Jesper, por su amor y su paciencia, a mi familia por su continuo apoyo y a Bine, que siempre encuentra las palabras y golosinas adecuadas.

Promotores del libro
Agradezco su generoso apoyo a los siguientes promotores:

American Crafts https://www.americancrafts.com/; Crate Paper http://www.cratepaper.com/; Studio Calico http://www.studiocalicostore.com/; Stampin´ Up Deutschland http://www.stampinup.com/home/de-DE/home-de-DE

Editora: Eva Domingo
Coordinación editorial: Paloma González

Publicado por primera vez en Alemania en 2013 por Frech-Verlag GmbH, bajo el título: Paper Art

Marqués de Urquijo, 34. 28008 Madrid.
Tel.: 91 559 98 32. Fax: 91 541 02 35.
E-mail: info@editorialeldrac.com
www.editorialeldrac.com

Fotografías: frechverlag GmbH, 70499 Stuttgart; lichtpunkt, Michael Ruder, Stuttgart (cubierta), fotocommunity, Ambro (fotografía en el proyecto de la cubierta), Stephanie Berger http://creativebysteffka.blogspot.de/ (fotografía de la autora, página 110), Janna Werner (el resto de fotografías).
Diseño de cubierta: José M.ª Alcoceba
Traducción: Cristina Rodríguez
Revisión técnica: Sandra Padovano

ISBN: 978-84-9874-391-3
Depósito legal: M-4.342-2014
Impreso en Artes Gráficas COFÁS
Impreso en España – Printed in Spain

OTROS TÍTULOS PUBLICADOS

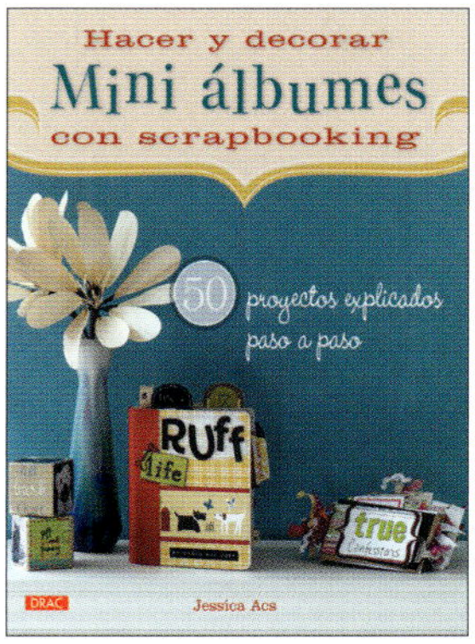

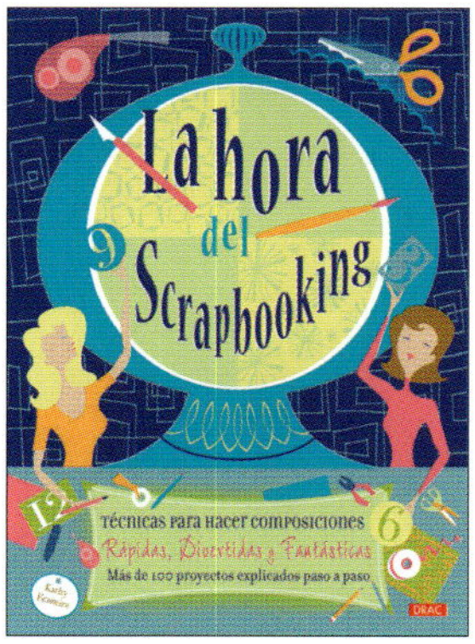

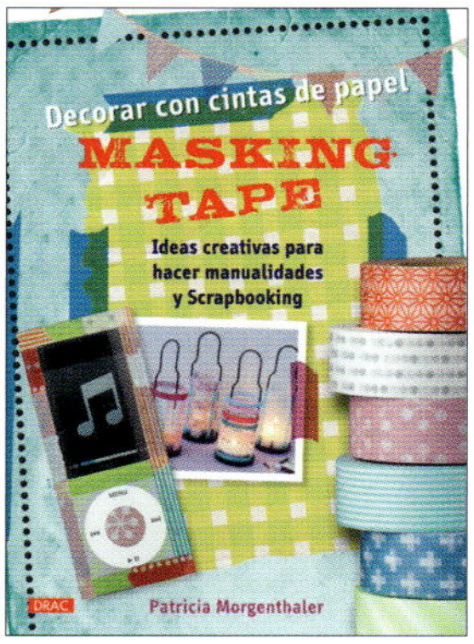

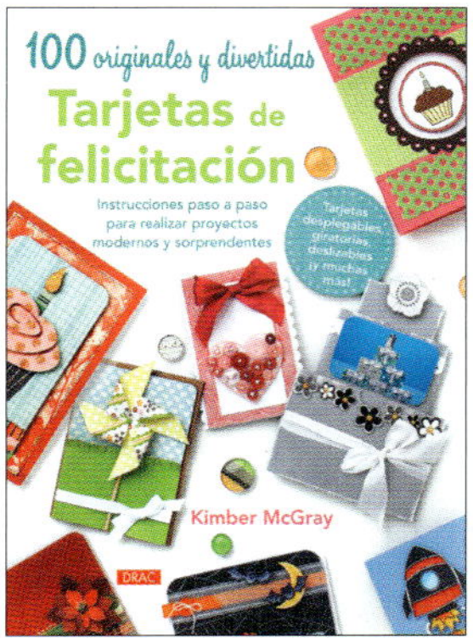

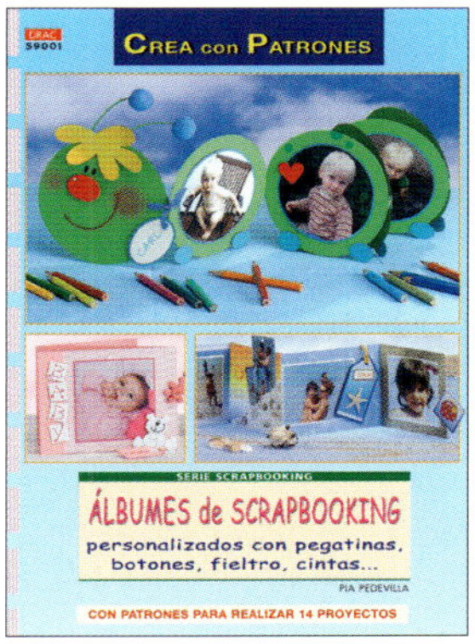

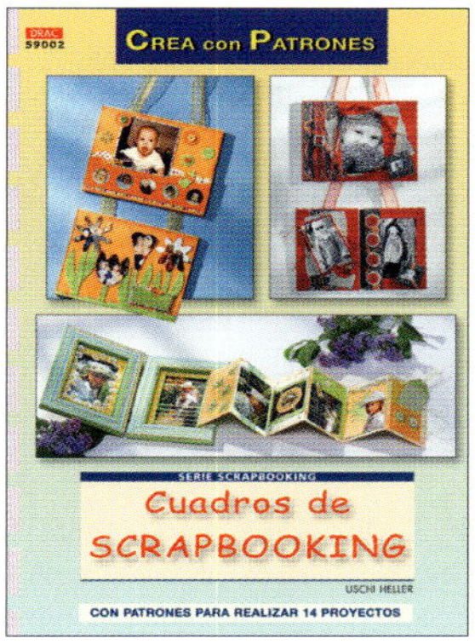

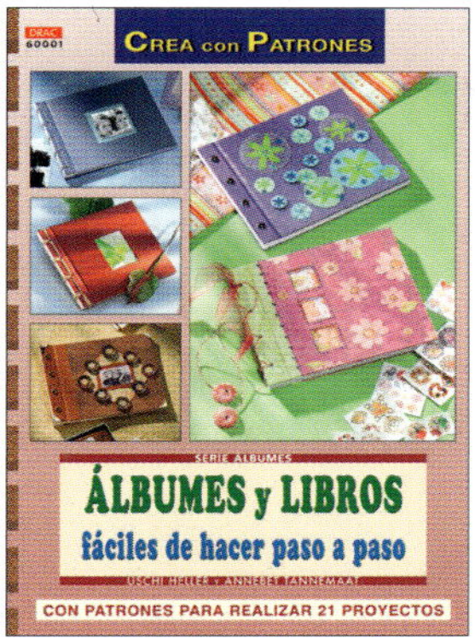

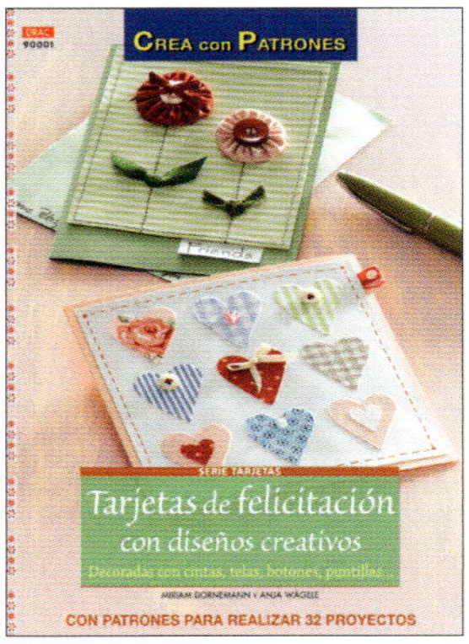

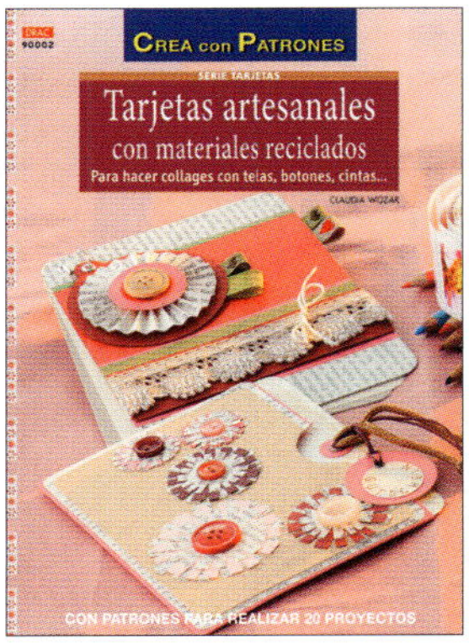

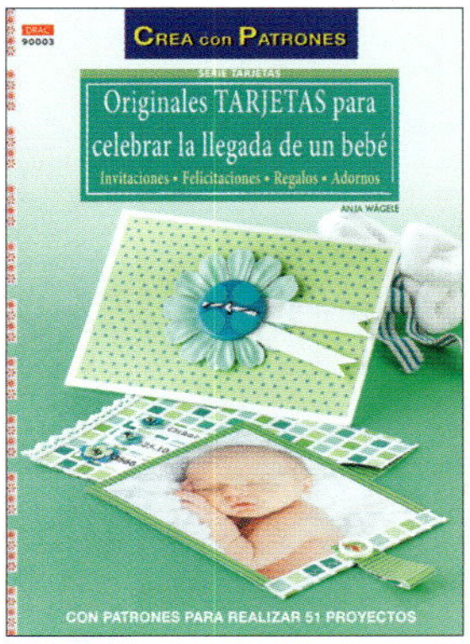

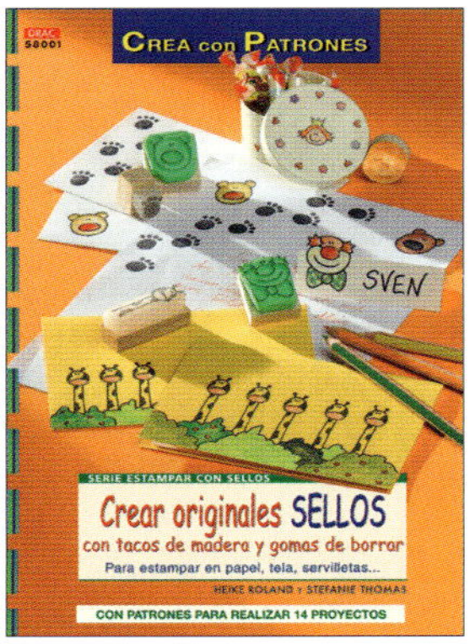

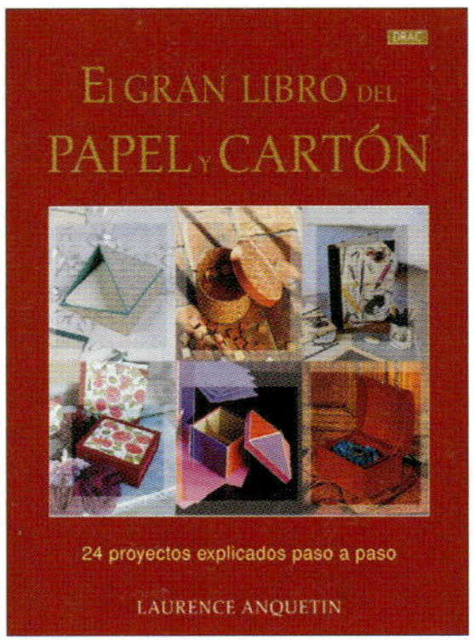

DRAC
El GRAN LIBRO DEL PAPEL Y CARTÓN
24 proyectos explicados paso a paso
LAURENCE ANQUETIN

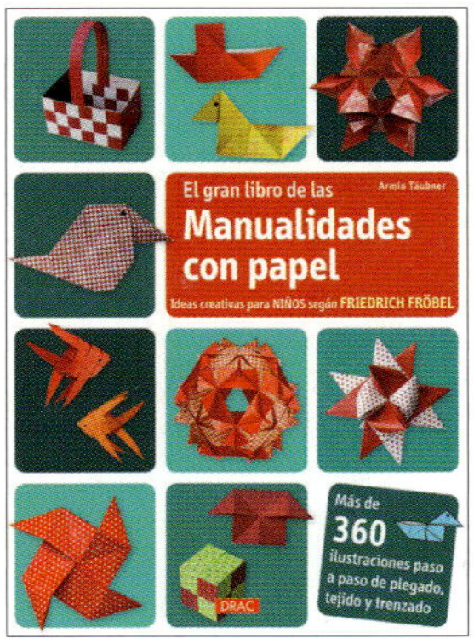

El gran libro de las Manualidades con papel
Armin Täubner
Ideas creativas para NIÑOS según FRIEDRICH FRÖBEL
Más de 360 ilustraciones paso a paso de plegado, tejido y trenzado
DRAC

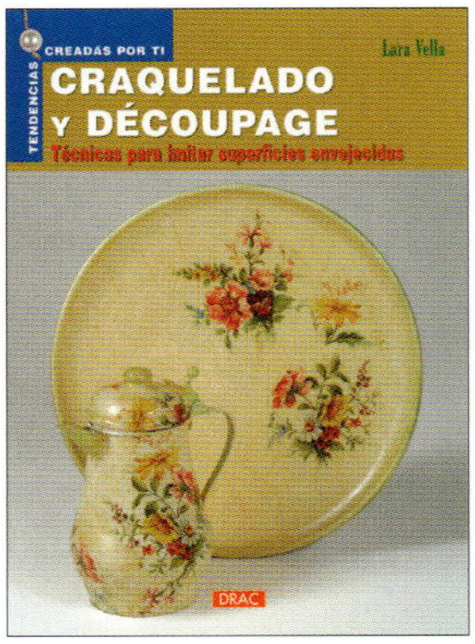

TENDENCIAS
CREADAS POR TI
Lara Vella
CRAQUELADO Y DÉCOUPAGE
Técnicas para imitar superficies envejecidas
DRAC

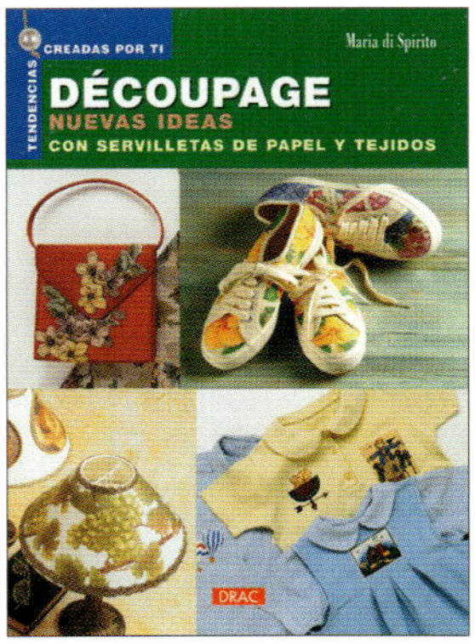

TENDENCIAS
CREADAS POR TI
Maria di Spirito
DÉCOUPAGE
NUEVAS IDEAS
CON SERVILLETAS DE PAPEL Y TEJIDOS
DRAC

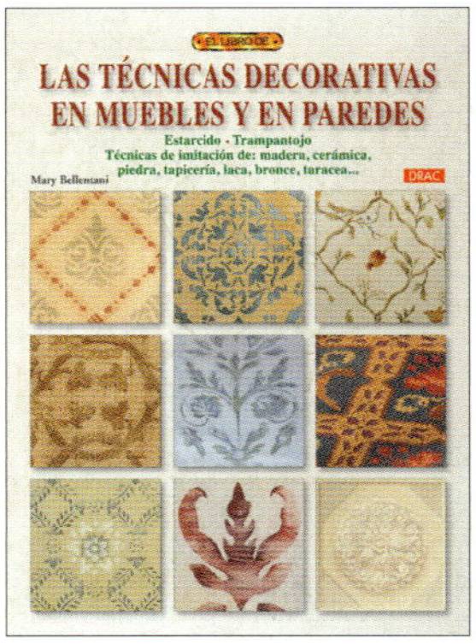

EL LIBRO DE
LAS TÉCNICAS DECORATIVAS EN MUEBLES Y EN PAREDES
Estarcido - Trampantojo
Técnicas de imitación de: madera, cerámica, piedra, tapicería, laca, bronce, taracea...
Mary Bellemani
DRAC

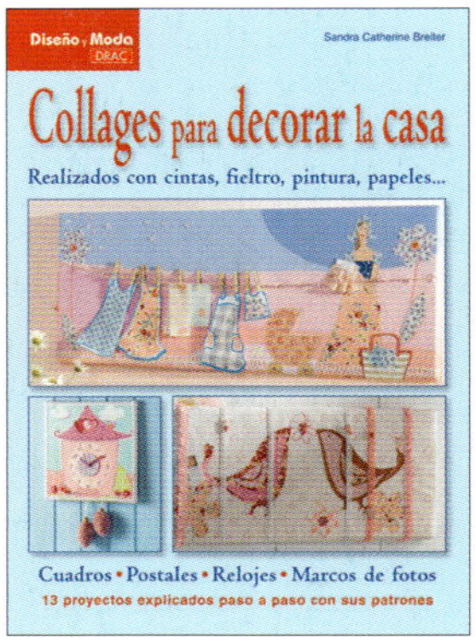

Diseño y Moda
DRAC
Sandra Catherine Breiter
Collages para decorar la casa
Realizados con cintas, fieltro, pintura, papeles...
Cuadros • Postales • Relojes • Marcos de fotos
13 proyectos explicados paso a paso con sus patrones

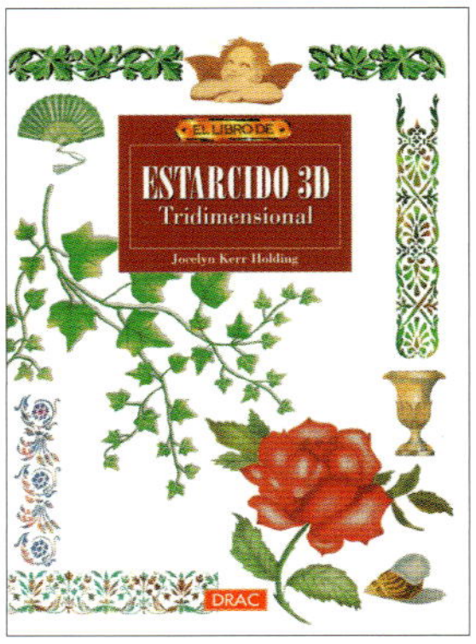

EL LIBRO DE
ESTARCIDO 3D
Tridimensional
Jocelyn Kerr Holding
DRAC

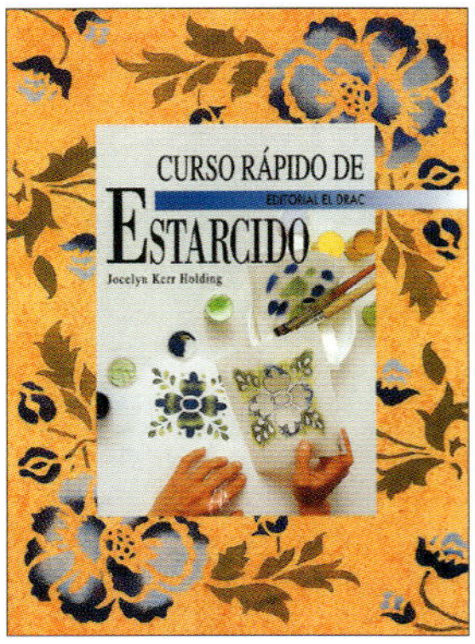

CURSO RÁPIDO DE
EDITORIAL EL DRAC
ESTARCIDO
Jocelyn Kerr Holding

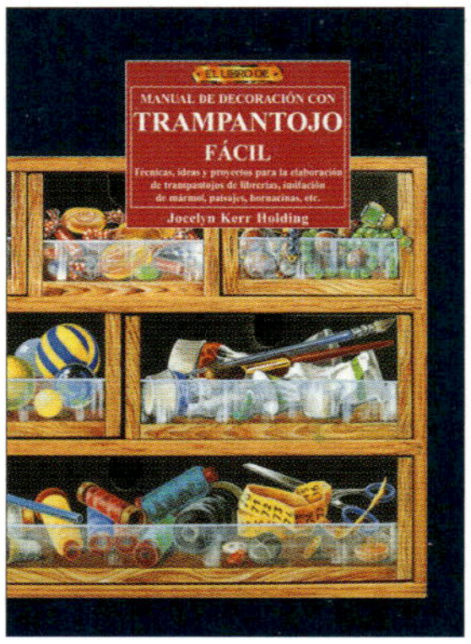

EL LIBRO DE
MANUAL DE DECORACIÓN CON
TRAMPANTOJO
FÁCIL
Jocelyn Kerr Holding

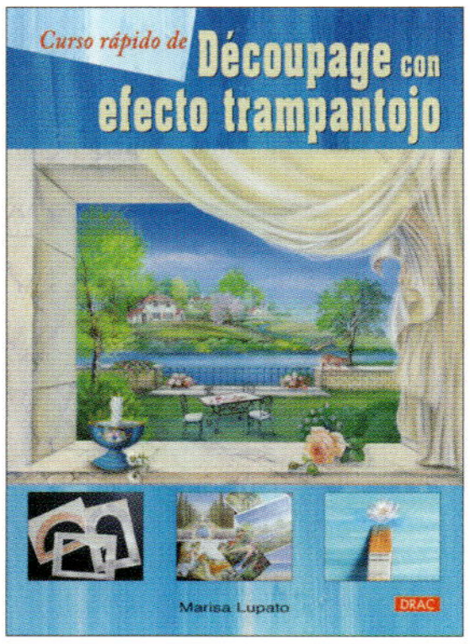

Curso rápido de Découpage con efecto trampantojo
Marisa Lupato
DRAC

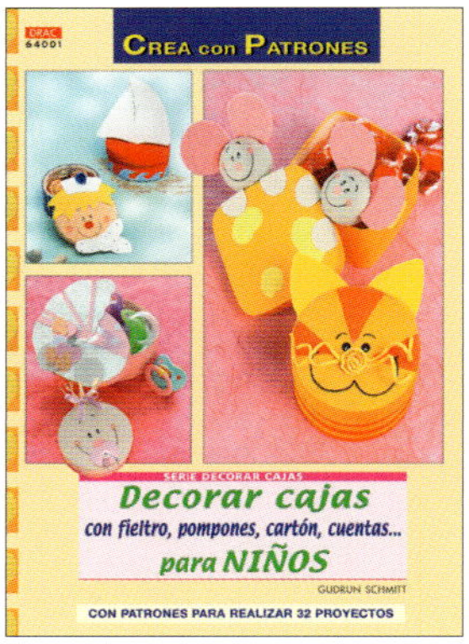

DRAC
64001
CREA con PATRONES
SERIE DECORAR CAJAS
Decorar cajas
con fieltro, pompones, cartón, cuentas...
para NIÑOS
GUDRUN SCHMITT
CON PATRONES PARA REALIZAR 32 PROYECTOS

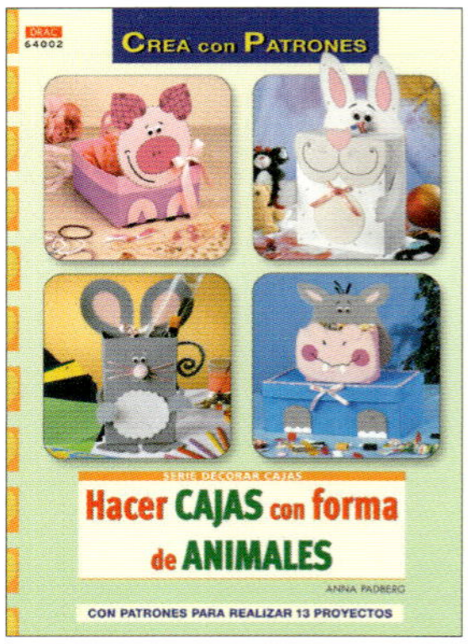

DRAC
64002
CREA con PATRONES
SERIE DECORAR CAJAS
Hacer CAJAS con forma de ANIMALES
ANNA PADBERG
CON PATRONES PARA REALIZAR 13 PROYECTOS